OFFERTORIALE

SIVE

VERSUS OFFERTORIORUM.

CANTUS GREGORIANI.

EDIDIT

CAROLUS OTT

TYPIS SOCIETATIS S. JOANNIS EVANGELISTAE

DESCLÉE ET SOCII

S. Sedis Apostolicae et Sacrorum Rituum Congregationis Typographi

PARISIIS, TORNACI, ROMAE

1935

IMPRIMATUR.

Tornaci, die 10 Januarii 1935.

J. LECOUVET, Vic. Gen.

KDP edition 2024
ISBN 978-0-9916452-3-7

Church Music Association of America
Richmond, Virginia

churchmusicassociation.org

PROOEMIUM.

Cum excellant Responsoria Gradualia versuum luminibus, Offertoria, quod dolendum est, eis hoc tempore carent. Pridem quidem antiphonae ad Offertorium explendo longo temporis spatio, quod oblationis ritu terebatur, versus adiuncti erant simulque cantoribus vacabat, artis peritiam ostendere. Magno cursu fluentes, concinnitate numerorum insignes, eleganti elatione evolantes non repetunt saepius usitata modulamina, immo eorum proprium est, etiam atque etiam aures melismata in omnigenas formas variando permulcere. Ad divinum denique corripiunt animos impetum neumata ultimi versus, quibus imprimis Dominicis diebusque festis sollemnioris ritus nihil perfectius. Quantam maiestatem prae se ferant exempli gratia versus Offertorii *Ascendit Deus,* qualibus facibus ardeant versus Offertoriorum *Terra tremuit* et *Tui sunt caeli* modi hypophrygii, quam placido maerore perfundantur, qui Offertorio *Anima nostra* hypodorico adduntur, enarrari non potest. Nemo igitur eos Responsoriorum Gradualium versibus multo praestare negabit. Recte ergo S. Odo Abbas Cluniacensis de iis sententiam tulit, S. Gregorium in offerendis et earum versibus, quantum in hac arte valuerit, patefecisse. Quam ob causam sane tempus esse videtur, ad decorem domus Dei evehendum eos ab oblivione immerita revocare.

In recensione praecipue celebri codice bilingui Montepessulano H 159 usus sum adhibitis ad comparationem maxime quoad ordinem versuum et intercalationes codicibus Sangallensi 339, Einsiedlensi 121, Laudunensi 239, Treverico Bohn. Quae in Montepessulano desiderantur, aliunde conquirenda erant. Versus n. 84, 95, 99, 106 debeo monachorum Solesmensium comitati. In appendice collegi aliquot cantus obsoletos dignos, ut mihi visum, qui restituerentur.

Cum haec editio usui cotidiano sit destinata, eam Vaticano Graduali, utcumque fieri potuit, similem reddidi. Eadem de causa commodo cantorum versibus praefixa est antiphona Offertorii, quae post ultimi versus intercalationem vel, ubi non habetur, post ultimum versum repetenda est.

C. O.

PROPRIUM DE TEMPORE

1. — Ad te Domine levavi.

Offert.
2.

A D te Dómi- ne le- vá-vi á-

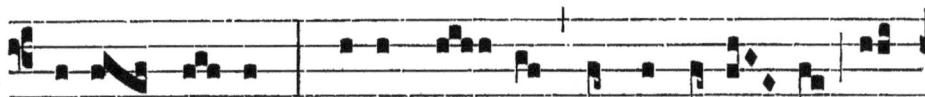

nimam me- am : De- us me- us, in te confí- do, non

e-ru- bé-scam : ne-que ir- rí-de- ant me in-i-mí-

ci me- i : * Et- e- nim u- ni-vér-si qui te exspé-

ctant, non confun- dén- tur. ℣. 1. Dí-ri-ge me in

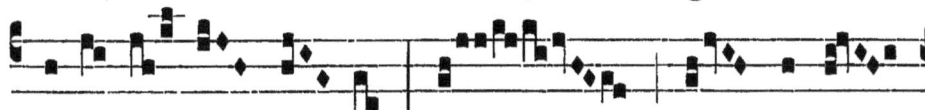

ve-ri- tá- te tu- a et do-ce

me, qui- a tu es De- us sa-lu-tá- ris

2. — Deus tu convertens.

(chant notation)

me- us : et te sustí- nu- i to- ta di- e.

(chant notation)

* Etenim. ℣. 2. Réspi-ce in me et mi-se-ré- re me- i,
(ut infra)

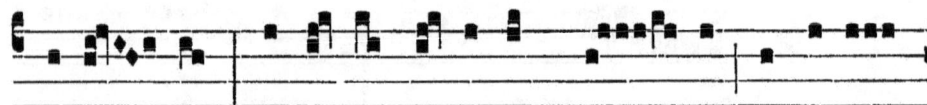

(chant notation)

Dómi- ne, custó- di á- nimam me- am et é-ri-

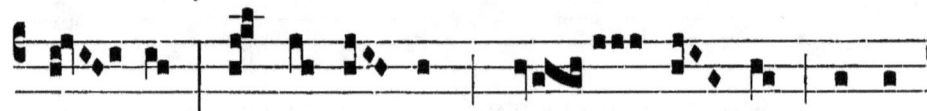

(chant notation)

pe me, non con-fún- dar, quó- ni- am invo-

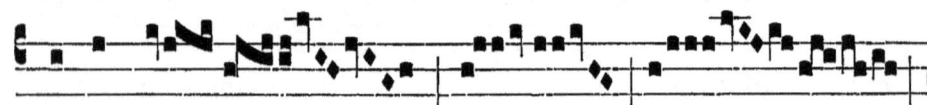

(chant notation)

cá-vi te.

(chant notation)

* Et-e- nim u- ni-vér- si qui te

(chant notation)

exspé- ctant, non confun- dén- tur.

2. — Deus tu convertens.

(chant notation)

Offert.
3.

DE- us tu con- vér- tens vi- vi-fi- cá-

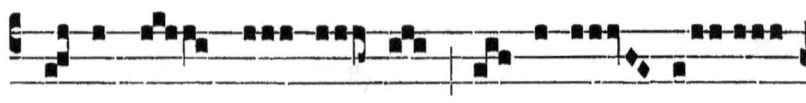

bis   nos,   et plebs tu- a   lae-

tá- bi-   tur in te : osténde   no-   bis,

Dómi-   ne, mi-se-ri-cór-di- am tu-   am,   * Et sa-

lu- tá- re tu- um   da   no-   bis.

℣. 1. Be-ne-di- xí- sti Dó-   mi-   ne

ter-   ram tu-   am : a-ver-

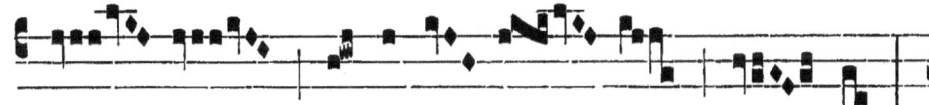

tí-   sti   ca-pti- vi- tá-   tem Ia-   cob :

remi-sí- sti   in-i-qui-   tá- tem ple-   bis tu- ae.

* Et salutáre. ℣. 2. Mi-se- ri-córdi-   a   et

3. — Benedixisti.

vé- ri- tas obvi- a-vé- runt si- bi :

vé- ri-tas de ter- ra or- ta est et iustí-

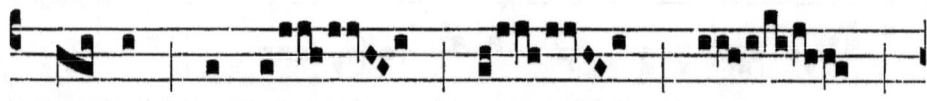

ti- a de cae-

lo pro- spé- xit. * Et salutáre.

3. — Benedixisti.

Offert.
4.

B Ene-di-xí- sti, Dó- mi- ne, ter-

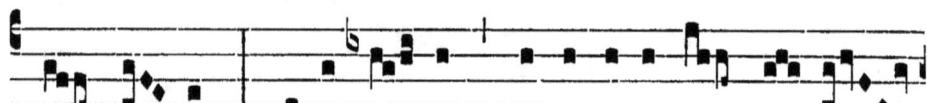

ram tu- am : aver- tí- sti capti-vi-tá- tem Ia- cob :

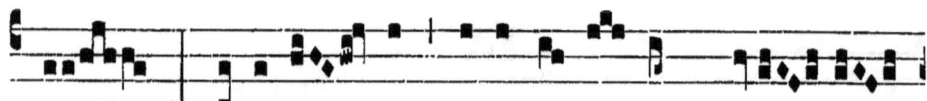

* Remi-sí- sti in-iqui- tá- tem ple-

bis tu- ae. ℣. 1. Ope- ru- í- sti ó

mni- a pec- cá- ta e- ó-rum : mi-ti-

gá- sti o- mnem i- ram tu- am.

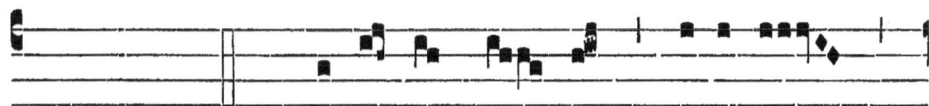

* Remisísti. ℣. 2. Ostén-de no- bis Dómi-ne

mi- se-ri-córdi- am tu- am et sa- lu- tá-

re tu- um da no- bis.

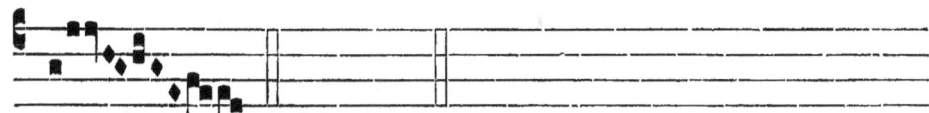

* Remisísti.

4. — Confortamini.

Offert.
4.
C Onfortá- mi- ni, et iam no-lí- te

ti- mé- re : ecce e- nim De- us no- ster

4. — Confortamini.

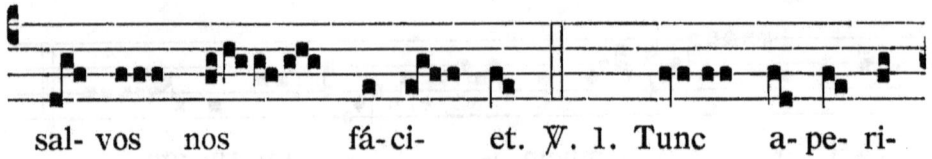

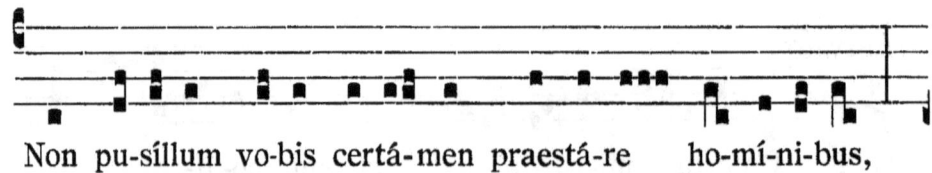

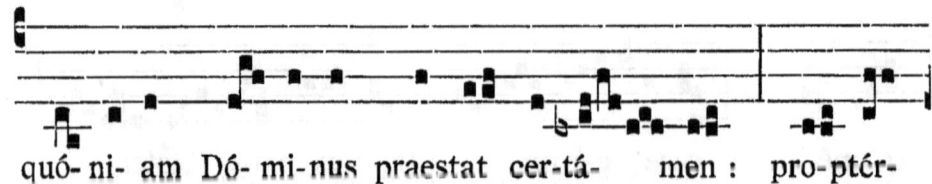

retrí- bu- et iu-dí-ci- um: *Ipse vé- ni- et, et

sal- vos nos fá-ci- et. ℣. 1. Tunc a- pe- ri-

én- tur ó- cu- li

cae- có- rum et au- res surdó- rum áu-

di- ent: tunc ascén- det claudus qua-si cer-

vus et cla- ra e- rit lingua mu-tó- rum.

* Ipse véniet. ℣. 2. Audí- te í-taque do- mus Da- vid:

Non pu-síllum vo-bis certá-men praestá-re ho-mí-ni-bus,

quó- ni- am Dó- mi-nus praestat cer-tá- men: pro-ptére- a da- bit vo- bis Dó- mi- nus

si- gnum : Ec-ce Vir- go in ú- te-ro accí-

pi- et et pá-ri- et Fí- li- um et vo-cá-bi-tur no-men

e- ius Emma- nu- el. * Ipse véniet.

5. — Exsulta satis.

Offert.
3.

E Xsúl- ta sa- tis fí- li- a Si- on,

praédi- ca fí- li- a Ie-rú-sa- lem :

* Ec-ce Rex tu- us ve-nit ti- bi sanctus, et sal-

vá- tor. ℣. 1. Loqué- tur

pa-cem   gén-

ti-   bus : et pot- é- stas e- ius   a ma- ri usque

ad ma- re : et a flú- mi- ne   usque ad tér- mi- nus or-

bis ter-   rae. * Ecce. ℣. 2. Qui- a

ec-   ce vé-   ni-   o   et ha-bi-tá-bo in mé-

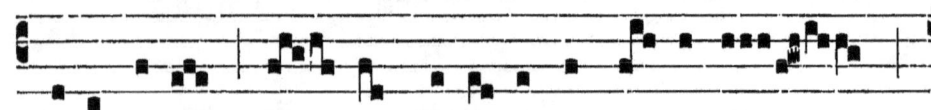

di- o tu- i,   di-   cit Dómi-nus omní- pot-ens :

et confú-   gi-   ent

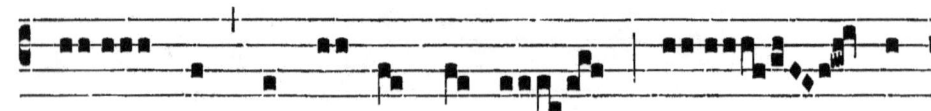

ad   te   in il- la di- e   o-   mnes

gen-   tes : et e- runt ti-   bi in ple-bem.

* Ecce.

6. — Ave Maria.

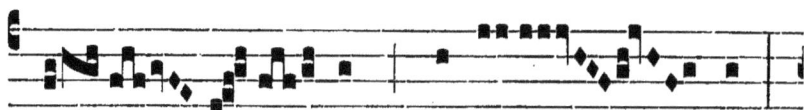

Offert.
8.

A- ve Ma- rí- a,

grá- ti- a ple- na, Dó-

mi-nus te- cum : * Be-ne- dí- cta tu in

mu- li- é- ri- bus, et be-ne- dí- ctus fru- ctus

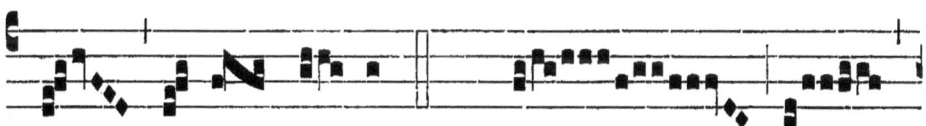

ven- tris tu- i. ℣. 1. Quó-

mo-do in me

fi- et hoc, quae vi- rum non cognó- sco? Spí-

7. — Tollite portas.

ri- tus Dó-   mi- ni   supervé- ni- et in

te   et virtus

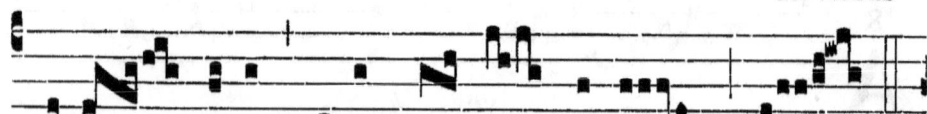

Altís-   simi   obumbrá- bit   ti- bi.

℣. 2. Id-e- óque, quod na- scé- tur   ex te   San- ctum,

vo- cá-   bi-   tur   Fí- li- us De-

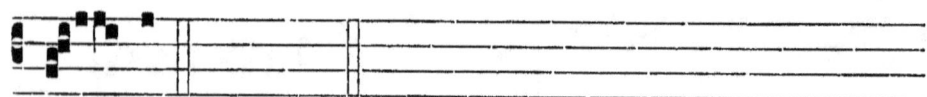

i. * Benedícta.

7. — Tollite portas.

Offert.
2.

T Ol- li-te por-   tas, prín- ci-pes, ve-

stras : et e- le- vá-   mi- ni, por-   tae ae- ter-

ná- les, * Et intro- í-   bit   Rex gló- ri- ae.

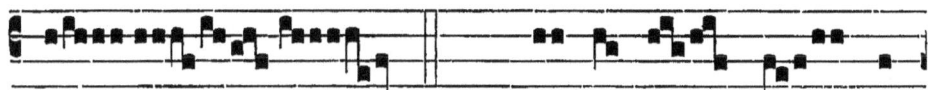

℣. 1. Dó- mi- ni est ter-

ra et ple-ni-tú- do e- ius :

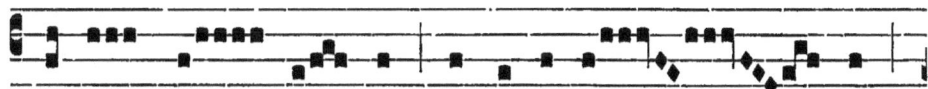

orbis ter- rá- rum et u-ni-vér- si,

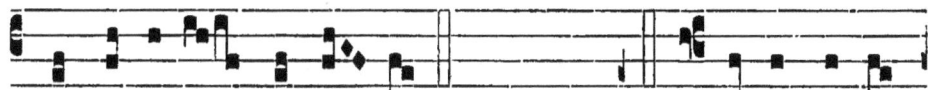

qui há-bi- tant in e- o. * Et introíbit. ℣. 2. Ipse su-per

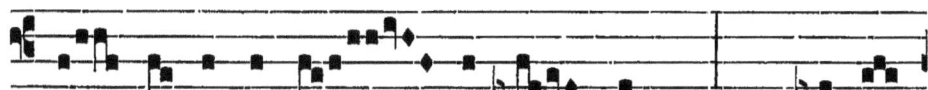

má- ri- a fundá- vit e- um et su-per

flú- mi- na praepa- rá-vit e-

um. * Et introíbit.

8. — Laetentur caeli.

Offert.
4.
LAe-téntur cae- li, et exsúl- tet

9. — Deus enim.

ter- ra * An- te fá- ci- em Dó- mi-

ni : quó- ni- am ve- nit. ℣. 1. Cantá- te

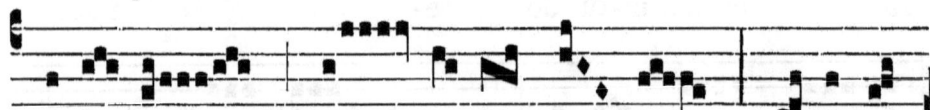

Dómi- no cán- ti- cum no- vum, cantá- te

Dó- mi- no o- mnis ter- ra. * Ante.

℣. 2. Cantá- te Dómi- no : be- ne- dí- ci-

te no- men e- ius : be- ne nun-ti- á-

te de di- e in di- em sa- lu- tá- re

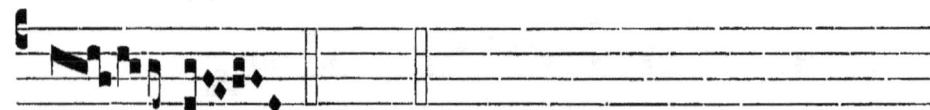

e- ius. * Ante.

9. — Deus enim.

Offert.
8.

D

E- us e- nim firmá- vit or- bcm ter-

rae, qui non commo- vé-bi- tur : * Pa-

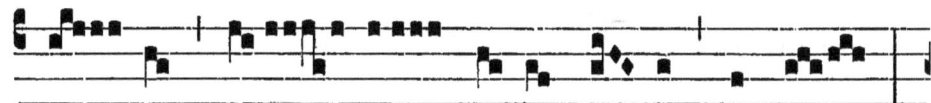

rá- ta se- des tu- a, De- us, * Ex tunc,

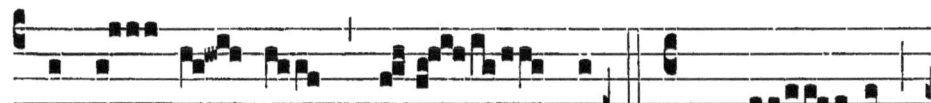

a saé- cu- lo tu es. ℣. 1. Dó-

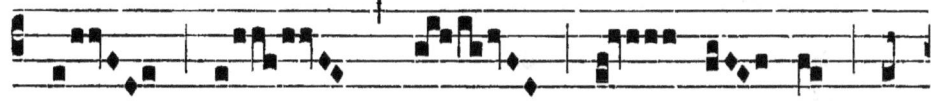

mi- nus re-

gná- vit, de-có- rem ín-

du- it : ín-du- it Dó- mi- nus forti-tú- di-

nem et prae-cín-xit se

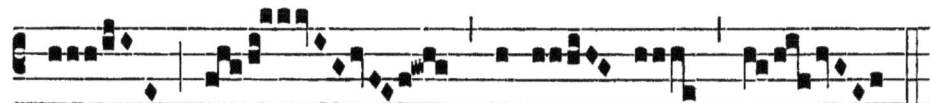

virtú- te.

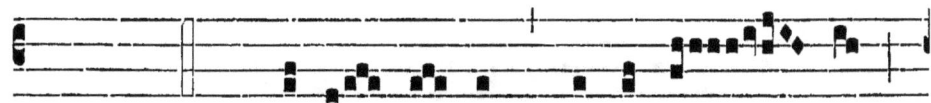

* Ex tunc. ℣. 2. Mi-rá- bi- lis in excél- sis

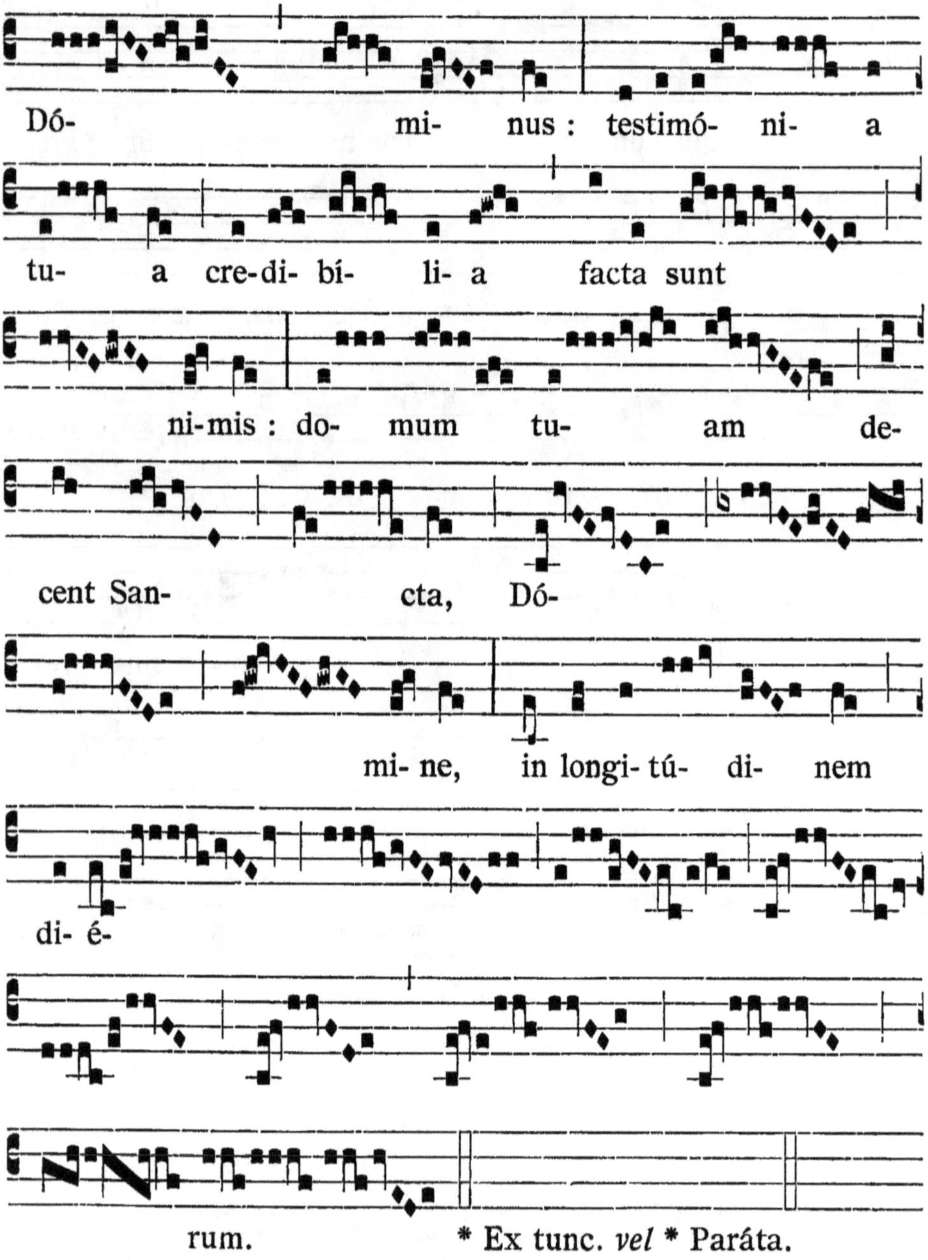

Dó- mi- nus : testimó- ni- a

tu- a cre-di- bí- li- a facta sunt

ni-mis : do- mum tu- am de-

cent San- cta, Dó-

mi- ne, in longi- tú- di- nem

di- é-

rum.   * Ex tunc. *vel* * Paráta.

10. — Tui sunt caeli.

Offert.
4.

T U- I sunt cae- li, et tu- a est

ter- ra : orbem ter- rá- rum, et ple- ni- tú- di-

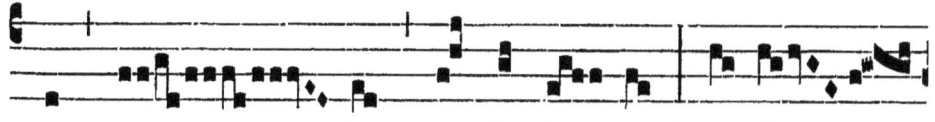

nem e- ius tu fundá- sti : * Iu-stí-

ti- a et iu-dí- ci- um praepa-rá-

ti- o se- dis tu- ae. ℣. 1. Magnus

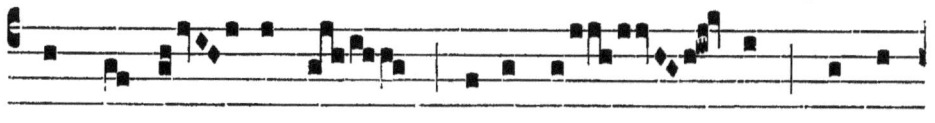

et me- tu- éndus super o- mnes, qui in

circu- í- tu e- ius sunt : tu domi- ná-

ris po-te- stá- ti ma- ris, mo- tum au- tem

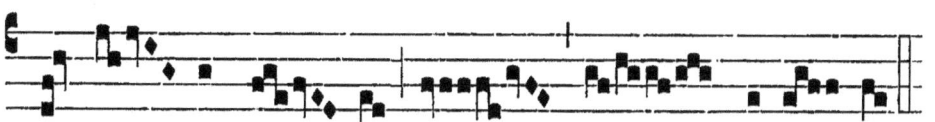

flú-ctu- um e- ius tu mí-ti- gas.

* Iustítia. ℣. 2. Mi-se- ri- cór- di- a

10. — Tui sunt caeli.

et vé- ri-tas prae- í- bunt ante fá-

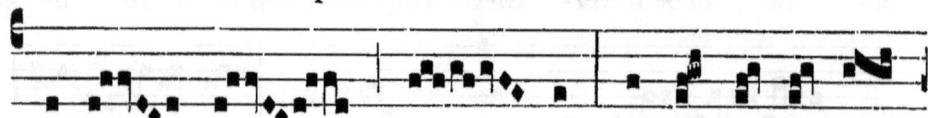

ci- em tu- am : et in be- ne- plá-

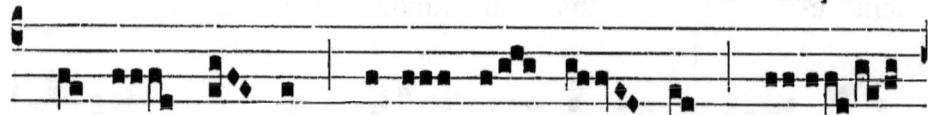

ci- to tu- o exal- tá- bi- tur cor-

nu no- strum.

* Iustítia. ℣. 3. Tu humi- li- á- sti sic- ut

vulne- rá- tum su- pér- bum : et in virtú- te bráchi- i

tu- i dispersí- sti in- i- mí- cos tu- os :

firmé- tur manus tu- a et ex-alté- tur

déx-

te-ra tu- a, Dómi- ne. * Iustítia.

11. — Reges Tharsis.

Offert.
5.

Reges Tharsis et ín- su- lae mú-

ne- ra óf- fe- rent : reges A- ra- bum et Sa-

ba do- na ad- dú- cent : et ad-o-

rá- bunt e- um omnes re- ges ter- rae,

* O- mnes gen- tes sér- vi- ent e- i.

℣. 1. De- us iu- dí- ci- um tu-

um Re- gi da et iustí- ti- am tu- am

Fí- li- o Re- gis : iu-di-cá-re pó- pu- lum

tu- um cum iustí- ti- a et páu- pe-res

tu- os in iu-dí-ci- o : omnes gen-tes

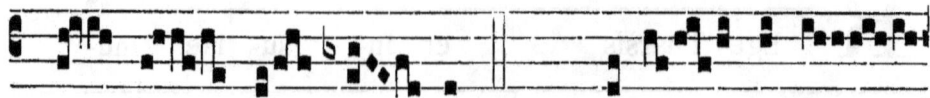

sér- vi- ent e- i. ℣. 2. Suscí- pi- ant

mon-

tes pa- cem pó- pu- lo

tu- o et col- les iustí- ti- am.

℣. 3. O-ri- é-

tur in di- é- bus e- ius

iustí- ti- a et abundánti- a pa-

cis, do-nec extol-lá- tur lu-

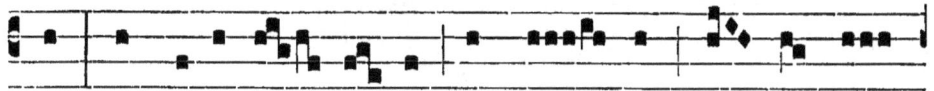

na, et domi-ná- bi- tur a ma- ri us-que ad

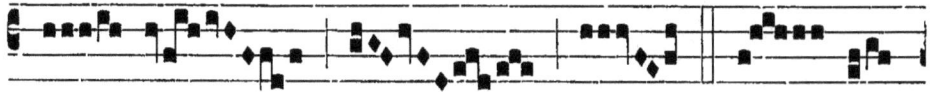

ma- re. * O- mnes

gen- tes sér- vi- ent e- i.

12. — Iubilate Deo omnis terra.

Offert.
5.

Ù-bi- lá- te De- o omnis ter-

ra : iu-bi-lá-

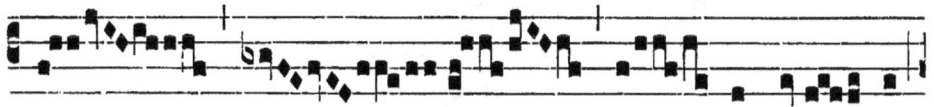

te De- o

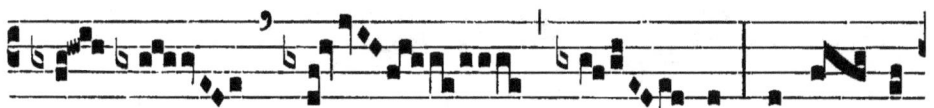

o- mnis ter- ra, serví- te

Dó- mi- no in lae- tí- ti- a : intrá-

te in conspéctu e- ius in exsulta- ti- ó- ne,

*Qui-   a Dó-mi- nus   i- pse   est De- us.

℣.1. I-pse   fe-   cit nos

et non   ipsi   nos: nos   au-tem pó-

pu-   lus   e-   ius et o-

ves pá-   scu- ae   e-   ius. * Quia. ℣. 2. Laudá-

te no-   men e-   ius, quó-ni- am su- á-

vis est   Dó-   mi-   nus :   in aetér-

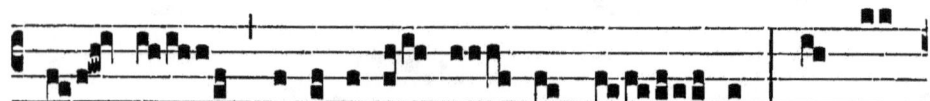

num   mi-se-ri-cór- di-   a   e-   ius et us-

que   in saé-   cu- lum   saé-   cu- li   vé- ri-

tas

e-ius. * Quia.

13. — Dextera Domini.

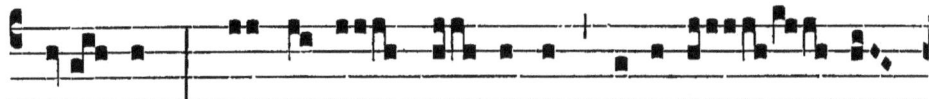

Offert.
2.

D

Exte- ra Dómi- ni fe- cit vir-

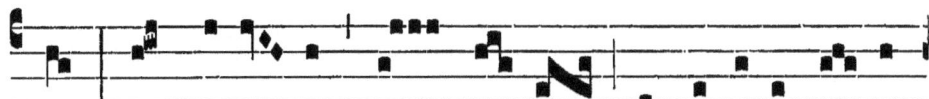

tú- tem, déx-te- ra Dó- mi- ni exaltá- vit

me : * Non mó-ri- ar, sed vi- vam, et narrábo ó- pe-

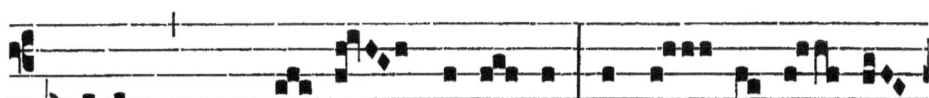

ra Dómi- ni. ℣. 1. In tri- bu-la-ti- ó-

ne invo-cá- vi Dómi- num et ex- audí- vit

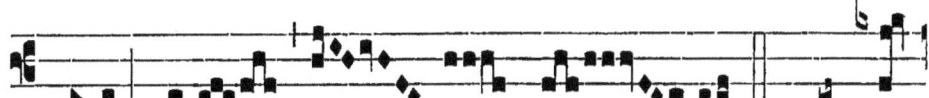

me in la- ti- tú- di-ne : qui- a Dómi- nus adiú-

tor me- us est. ℣. 2. Impúl-

14. — Bonum est confiteri.

sus ver- sá- tus sum, ut cá- de- rem : et

Dó- mi- nus suscé- pit me : et fa-

ctus est mi- hi in sa- lú- tem.

* Non móriar.

14. — Bonum est confiteri.

Offert.
8.

B O- num est confi- té- ri Dómi- no,

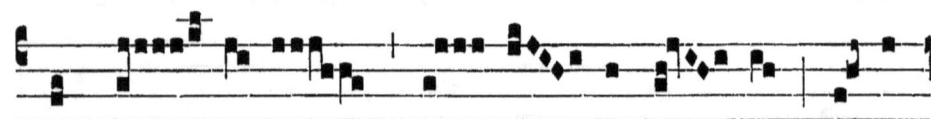

et psál- le- re nó- mi- ni tu- o, Al- tís-

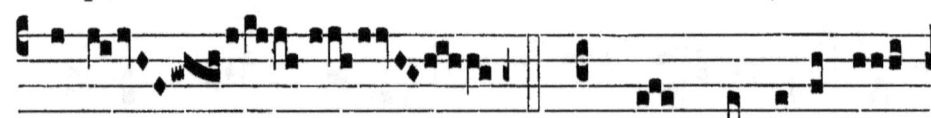

sime. ℣. 1. Quam magni- fi- cá-

ta sunt ó-pe- ra tu- a Dó- mi- ne : nimis

pro-fún- dae factae sunt co-gi- ta- ti- ó- nes

tu-ae. ℣. 2. Ecce in-i- mí- ci tu- i Dómi-

ne per- í- bunt et dispergén-tur o- mnes, qui

o-pe- rán- tur in-iqui- tá- tem.

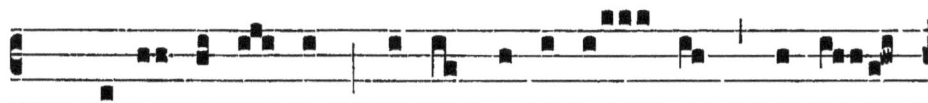

℣. 3. Exal- tá-bi- tur sic-ut u-ni-cór- nis cornu

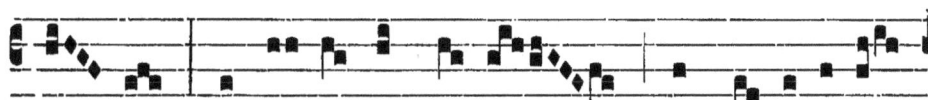

me- um et se- né-ctus me- a in mi- se-ri-cór-

di- a ú- be- ri : qui- a respé- xit ó- cu- lus

me- us in-i-mí-cos me- os et in-surgéntes in

me ma- lignántes audí-vit

auris   tu-   a.

15. — Benedictus es… in labiis.

Offert.
3.

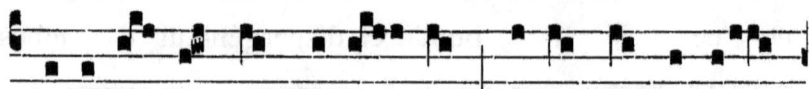

BEne-dí- ctus es Dómi-   ne,   do-ce me   iusti-

fi- ca- ti- ó-   nes tu-   as : be-ne-dí- ctus   es Dómi-

ne,   do-ce me   iusti-   fi- ca-ti- ó-   nes tu-

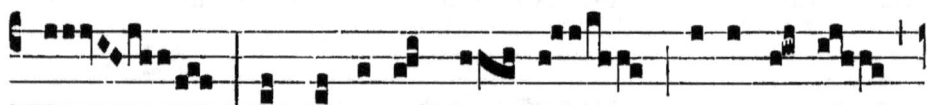

as :   * In lá-bi- is me-   is   pronunti- á-

vi   ómni- a   iu-dí-   ci- a

o-   ris   tu-   i. ℣. 1. Be- á- ti   imma-

cu-lá- ti in vi- a, qui ám- bu- lant in lege Dó-

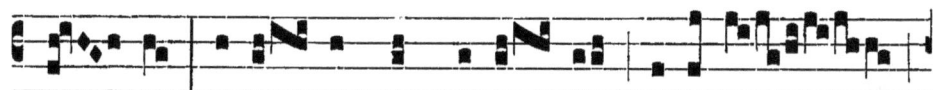

mi- ni : be- á- ti, qui scru-tán- tur testimó-

ni- a e- ius : in to-to corde exquí-

runt e- um. * Au- fer a ple- be

tu- a oppróbri- um et contém-ptum, qui- a mandá-ta

tu- a non sumus ó-bli- ti, Dó-

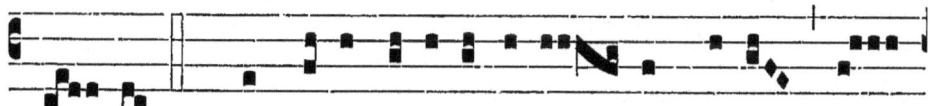

mi- ne. ℣. 2. In vi- a testimo-ni- ó- rum tu- ó-

rum de- lectá- tus sum sic- ut in ó-mni-bus di- ví-

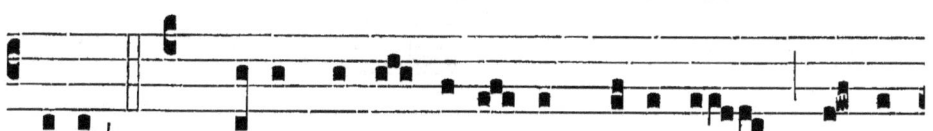

ti- is. ℣. 3. Vi- am in- i- qui-tá- tis, Dómi-ne, a-mó-

ve   a me : vi-   am in- i- qui-tá-   tis,   Dó-

mi- ne, á-mo-ve   a me   et de le- ge tu-   a

mi-se- ré-re me-   i :   vi- am ve-ri-tá-   tis   e-lé-

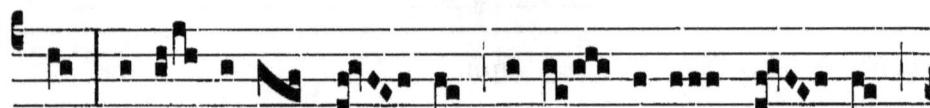

gi : iu-dí- ci- a tu-   a, iu-dí- ci- a   tu-   a

non sum oblí-   tus : vi- am man- da-tó-rum tu-   ó- rum cu-

cúr-ri, cum di- la- tá-   res cor   me-

um.

* In lábiis *vel* * Aufer a plebe.

16. — Domine vivifica.

Offert. 3.

DOmi-ne, vi- ví- fi-ca me se-

cún- dum e- lóqui- um tu- um : * Ut sci- am

te- stimó- ni- a tu- a. ℣. 1. Fac cum ser- vo

tu- o, Dó- mi- ne, se-cún- dum ma-

gnam mi- se-ri-cór- di- am tu- am : et ne áu- fe-

ras de o- re me- o ver- bum ve-ri-tá-tis.

℣. 2. Da mi- hi intel-lé- ctum, ut discam mandá- ta

tu- a, et vo-luntá- ri- a o-ris me- i fac

mi- hi   in be-ne-plá-   ci- to, Dó- mi-ne.

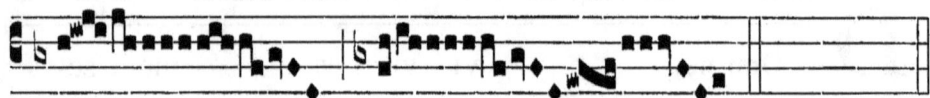

* Ut sciam.

17. — Scapulis suis.

Offert.
8.

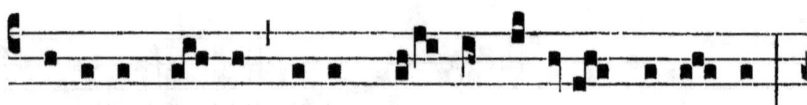

S Cápu-lis su- is obumbrá- bit ti-bi Dómi- nus,

et sub pen- nis e-ius spe- rá- bis: * Scu- to

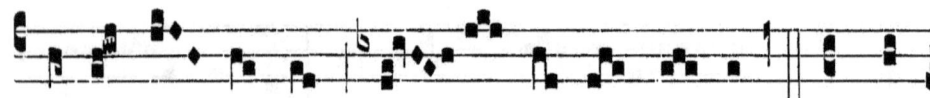

circúmda- bit te vé- ri- tas e- ius. ℣. 1. Di-

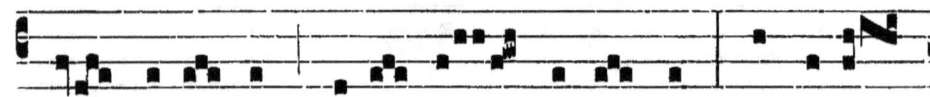

cet Dómi- no : Suscé-ptor me- us es, non timé-

bis a timó- re no-ctúr- no a sa-gít- ta vo-

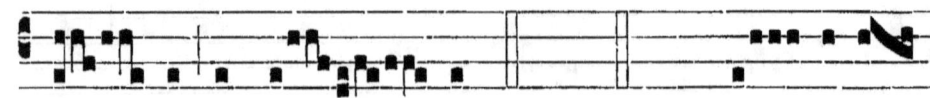

lán- te per di- em. * Scuto. ℣. 2. Quó- ni- am

An- ge-lis su- is mandá- vit de te,

ut custó- di- ant te, ne un- quam of-fén- das

ad lá- pi- dem pe- dem tu- um. ℣. 3. Super

áspi- dem et ba-si- líscum am- bu- lá- bis : et

conculcá-bis le- ó- nem et dra-có-

nem : quó- ni- am in me spe-rá- vit, li-

be- rá-bo e-

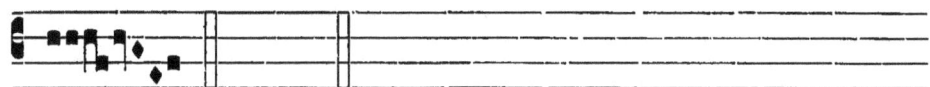

um. * Scuto.

18. — Levabo.

Offert. 8.

L Evá- bo * ó-cu-los me- os, et con- si- de- rá-

bo mi- ra- bí- li- a tu- a, Dó- mi- ne,

ut dó- ce- as me iustí- ti- am tu-

am : * Da mi- hi in- tel- lé- ctum, ut

di- scam mandá- ta tu- a.

℣. 1. Le-gem po-ne mi-hi, Dómi- ne, et

vi- am iusti- fi-ca-ti- ó- num ex- quí- ram : et

in praecé- ptis tu- is me ex-er- cé- bor.

* Da mihi. ℣. 2. Vé-ni- ant super
me mi-se-ra-ti- ónes tu- ae, qui- a lex tu- a
me-di- tá- ti- o me- a est et conso-lá- ti- o me-
a iusti- fi-ca-ti- ó- nes tu-ae sunt.

19. — Miserere mihi.

Offert.
8.

M I-se- ré-re mi-hi Dó- mi- ne, se-cúndum ma- gnam mi- se-ri-cór- di- am tu- am: * De- le
Dó- mi-ne in-iqui-tá- tem me- am. ℣. 1. Quó-
ni- am in-iqui-tá- tem me- am e-go a- gnó-

(chant notation)

sco   et de- lí- ctum me- um   co-ram me   est

(chant notation)

semper.   * Dele. ℣. 2. Ti- bi so- li pec-. cá- vi   et

(chant notation)

ma- lum   co-ram te fe- ci : mi-se-ré- re me- i,

(chant notation)

ut iusti-fi-cé- ris, Dó-mi- ne, in sermó- ni- bus

(chant notation)

tu- is. * Dele Dómine.

20. — Exaudi Deus.

Offert.
8.

E

(chant notation)

X-áu- di De- us o- ra-ti- ó- nem

(chant notation)

me- am : et ne de-spé- xe- ris de- pre-ca-ti- ó-

(chant notation)

nem me- am: *Inténde   in me,

(chant notation)

et ex- áu- di me. ℣. 1. Contur-bá-tus sum

a vo- ce in- i- mí- ci et a tri-bu- la- ti- ó-

ne pecca- tó- ris : et exspectá- bam e- um,

qui me salvum fá- ce- ret. * Inténde. ℣. 2. Ego autem

ad De- um clamá- vi : lí- be- ra á- nimam

me- am : et ex- téndes ma- num tu-

am in re- tri- bu- én-

do il- lis.

21. — Domine fac mecum.

Offert.
4.

D Omi-ne, fac me- cum mi- se- ri-

cór- di- am tu- am, propter no- men tu-

um : * Qui- a su- á-vis est mi- se- ri- cór- di-

a tu- a. ℣. 1. De- us laudem me- am ne ta-

cú- e- ris, qui- a os pec- ca-tó- ris et do- ló-si

su- per me a- pértum est. * Quia suávis. ℣. 2. Pro

e- o, ut di- lí-ge-rent me, detra-hé- bant mi-

hi : ego au- tem o-rá- bam. ℣.3. Lo- cú- ti sunt ad-

vér- sum me lin- gu- a do-ló- sa et ser-

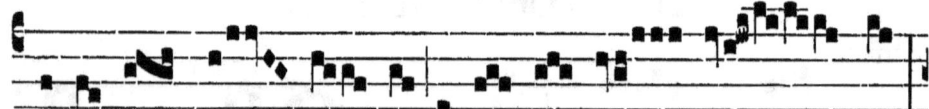

mó-ni- bus ó- di- i circumde- dé- runt me,

et expugna-vé- runt me gra- tis.

22. — Gressus meos.

Offert.
8.

GRessus me- os dí- ri- ge Dó- mi- ne se-cún-

dum e- ló- qui- um tu- um : ut

non domi- né-tur omnis iniustí-ti- a,

Dó-mi- ne. ℣. 1. Decla-rá-ti- o sermó- num tu- ó-

rum il-lú- mi- nat me et intel-lé- ctum

dat párvu- lis. ℣. 2. Cognó- vi Dómi-

ne, qui- a aé- qui- tas iu- dí- ci- a

tu- a, et in ve-ri- tá- te tu- a hu-

mi-li- á-sti me, ut non domi- né-tur omnis

iniustí- ti- a,

Dó-mi- ne.

23. — Laudate Dominum.

Offert.
2.

L Audá-te Dómi- num, qui- a be- ní-

gnus est :   psál- li- te nó- mi-ni e- ius, quó-

ni- am su- á- vis est : * Omni- a quaecúmque

vó- lu- it, fe- cit in cae- lo et in

ter- ra. ℣. 1. Qui sta-tis in domo Dómi- ni,

in á-tri- is domus De- i no- stri : qui- a e-go

cognó- vi, quod magnus est Dó- mi-nus et De- us

no- ster prae ó-mni-bus di- is. * Omnia. ℣. 2. Dó-

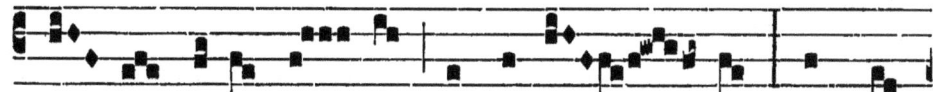

mi- ne, nomen tu- um in ae-tér- num et me-

mo- ri- á- le tu- um in saécu-la saecu- ló-

rum : iu-di-cá-bit Dó- mi- nus pó-pu-lum su- um

et in ser-vis su- is conso-lá- bi-

tur. ℣. 3. Qui timé-tis Dómi- num be- ne-dí-

ci- te e- um : be-ne-díctus Dómi- nus ex

Si- on, qui há- bi- tat in Ie-rú- sa-

lem.

24. — Domine ad adiuvandum.

Offert.
6.

DO- mi- ne, ad adiu- ván-

dum me fe- stí- na : con-fun-dán-

tur o- mnes advérsum me,

qui có-gi- tant servis tu- is ma- la.

℣. 1. Exspé- ctans exspe- ctá- vi Dómi- num et re-

spé- xit me : et e- dú- xit me de la- cu

mi- sé- ri- ae et de lu- to fae- cis.

25. — Factus est Dominus.

Offert.
4.

FA- ctus est Dó- mi- nus fir- ma-

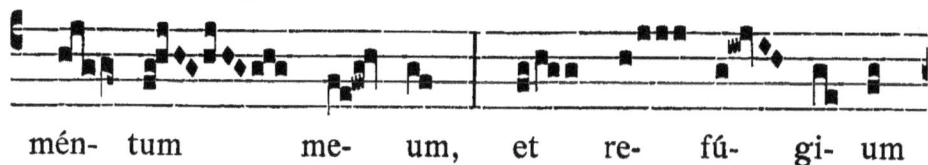

mén- tum me- um, et re- fú- gi- um

me- um, et li- be- rá- tor me- us :

* Spe- rá- bo in e- um.

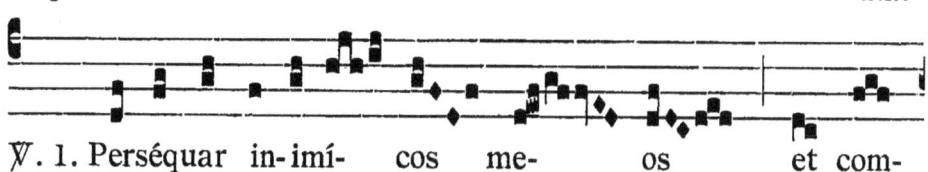

℣. 1. Perséquar in-imí- cos me- os et com-

pre- hén- dam il- los et non convér-

tar, do- nec de- fí- ci- ant.

℣. 2. Prae- cin- xí- sti me vir- tú- te

ad bel- lum : et supplantá- sti in-i-mí-cos

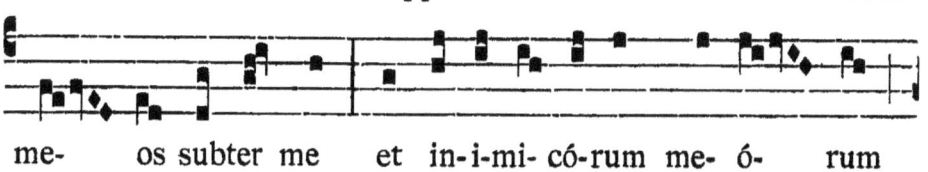

me- os subter me et in-i-mi- có-rum me- ó- rum

de-dí-   sti mi- hi   dorsum : et o-di- éntes me   disper-

di-

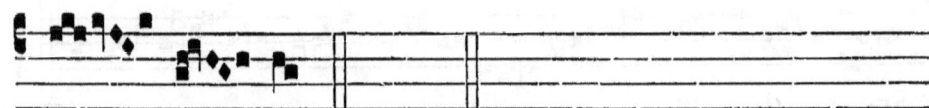

dí-   sti.   * Sperábo.

26. — Confitebor tibi, Domine.

Offert.
I.

C Onfi- té- bor ti-   bi, Dó- mi- ne, in to-   to

cor- de me-   o : retrí- bu-   e   servo tu- o :

vi- vam, et custó- di- am sermó- nes   tu-   os :

* Vi- ví-   fi-ca me   se-cún-   dum ver-   bum

tu- um, Dómi-   ne. ℣. 1. Be-   á-

ti imma-cu-lá- ti in vi- a, qui ámbu-

lant in le- ge Dómi- ni : be- á- ti, qui

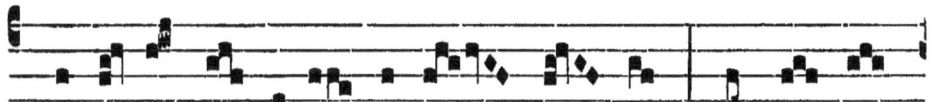

scru-tántur te- stimó- ni- a e- ius, in to- to

cor- de ex- quí-runt e- um. * Vivífica.

℣. 2. Vi- am ve-ri-tá-tis e-lé- gi, da mi- hi intel-lé-

ctum et scru-tá- bor le- gem tu-am : et custó-di- am

il-lam in to-to cor- de me- o : Inclí- na cor

me- um in te- stimó-ni- a tu- a et non in

a- va-rí- ti- am : in vi- a tu- a vi- ví- fi-ca

27. — Eripe me... Deus meus.

me : iu-dí-ci- a e-nim tu- a iu-cún-

da : De-

pre- cá- tus sum vultum tu- um in to-to cor- de

me- o, qui- a di- lé- xi le- gem

tu- am.
* Vivífica me.

27. — Eripe me... Deus meus.

Offert.
7.

E
- ri-pe me de in-imí- cis

me- is, De- us me- us : et ab

insurgén- ti- bus in

me * Lí-be-ra me, Dó-

mi- ne. ℣. 1. Qui- a ec- ce capta- vé-

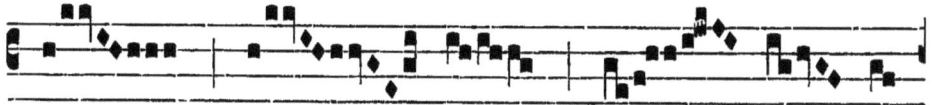

runt á- ni- mam

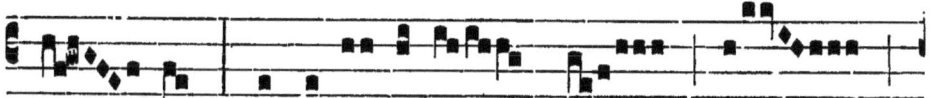

me- am et irru- é-runt for-

tes in

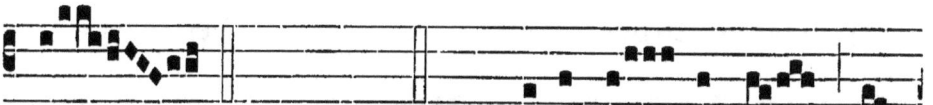

me. * Líbera me. ℣. 2. Qui- a fa- ctus es ad-

iú- tor me-

us et re- fú- gi- um me-

um in di- e tri-bu- la-ti- ó- nis me-

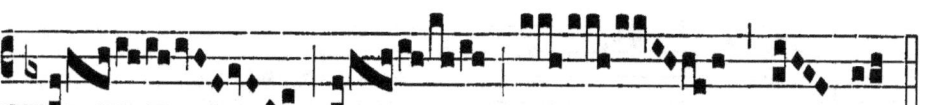

ae.

48

28. — Benedictus es... et non tradas.

Offert.
8.

B Ene-dí- ctus es, Dómi- ne, do-ce me iusti-

fi- ca-ti- ó- nes tu- as : * Et non tra-das ca-

lumni- ánti- bus me su- pér- bis : et respondé-bo

expro- brán- ti- bus mi- hi ver- bum.

℣. 1. Vi- di non serván- tes pa- ctum et ta- be-

scé- bam, Dómi-ne, quan- do fá- ci- es

de persequénti- bus me iu-dí- ci- um? ℣. 2. Appro-pin-

quavé-runt persequéntes me in-í-

qui : con-fundántur et reve- re- án- tur, qui- a

iniú- ste   in-iqui-tá-   tem   fe-

cé- runt   in   me. * Et non tradas.

29. — Improperium.

Offert.
8.

I M- pro-pé- ri-   um   exspectá- vit cor

me-   um, et mi- sé- ri-   am : et sustí- nu-

i qui si- mul contrista-ré- tur,   et non fu-

it : con- so-lán- tem me quae- sí- vi,   et non

invé-   ni : * Et de- dé-   runt   in

e-scam me- am fel,   et in si- ti me- a po-

ta-vé- runt me a-cé-   to.   ℣. 1. Sal-

vum me fac,   De-   us,   quó-ni- am

intra-vé- runt   a-   quae

us- que   ad á-   ni- mam   me-

am. ℣. 2. Advér- sum   me

ex- er-   ce-bán-   tur, qui se-

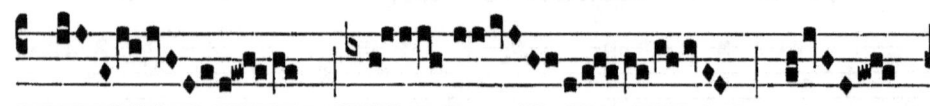

dé-

bant in por-   ta,   et in me   psallé-   bant,

qui bi- bé-   bant vi-

rum. ℣. 3. Ego   ve-ro   o-ra- ti- ó-nem me- am ad

te Dó- mi- ne : tempus

be- neplá- ci- ti, De- us, in mul- ti-tú- di- ne

mi-se- ri-cór- di- ae tu- ae. * Et dedérunt.

30. — Eripe me... Domine.

Offert.
3.

E - ri- pe me de in- i-mí-cis me- is,

Dó- mi- ne : * Ad te confú- gi, do-ce me

fá- ce- re vo-luntá-tem tu- am : qui- a De-

us me- us es tu. ℣. 1. Exáu-

di me in tu- a iu- stí-

31. — Custodi me.

ti- a : et ne intres in iu-dí- ci- o

cum servo tu- o Dómi- ne. *Ad te... ℣. 2. Ve-ló-
(ut infra)

ci- ter exáu- di

me Dómi- ne : de- fé- cit spí-ri-tus

me- us. *Ad te... qui- a De- us me- us es tu.

31. — Custodi me.

Offert.
I.

C Ustó-di me, Dó- mi- ne, de ma-

nu pecca-tó- ris : *Et ab ho-mí- ni-bus in-í-

quis é-ri- pe me, Dó- mi- ne.

℣. 1. E-ri-pe me,

Dó- mi- ne, ab hó-mi-ne ma- lo : a vi- ro

in-íquo lí- be- ra me. ℣. 2. Qui co- gi- ta-vé-

runt supplantá-re gressus me- os :

abscondé- runt supérbi lá- que- os mi-

hi. ℣. 3. Di-xi Dó- mi- no :

De- us me- us es : exáudi, Dó- mi- ne, vo-

cem me- am. * Et ab homínibus.

32. — Domine exaudi.

Offert.
3.

DO- mi- ne, exáu- di o- ra-ti- ó- nem

me- am, * Et cla- mor me- us ad te

32. — Domine exaudi.

pervé- ni- at. ℣. 1. Ne avér- tas fá-

ci- em tu- am, ne avér- tas fá-

ci- em tu- am a me.

℣. 2. Qui- a oblí-

tus sum mandu-cá- re pa- nem me-

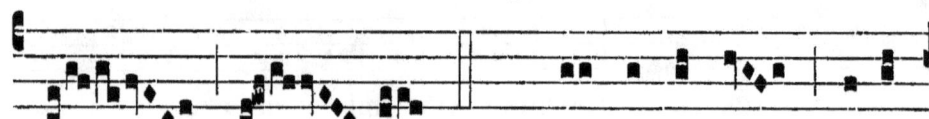

um. ℣. 3. Tu exsúrgens mi-se-

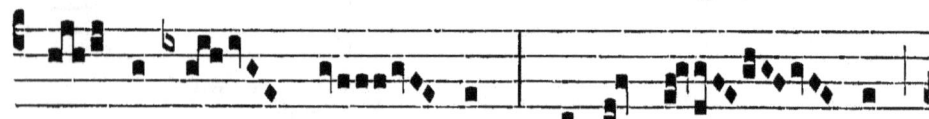

ré- be- ris Si- on : qui- a tem- pus

mi-se-rén- di e- ius, qui- a ve- nit

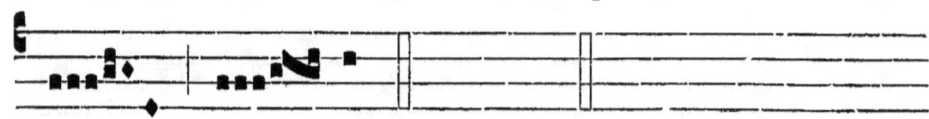

tem- pus. * Et clamor.

33. — Terra tremuit.

Offert.
4.

TEr-ra tré-mu- it, et qui- é- vit,

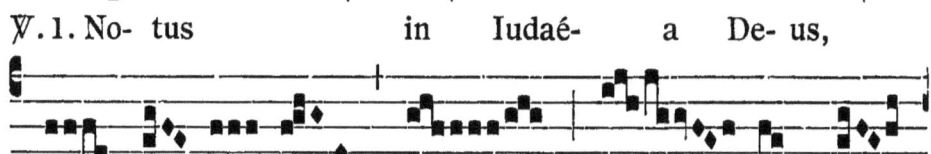

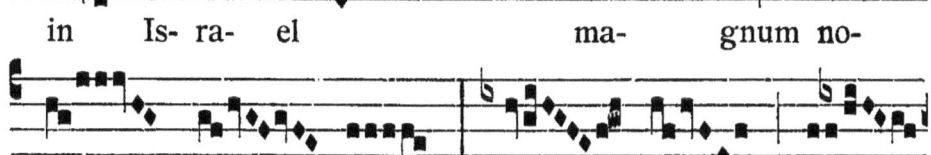

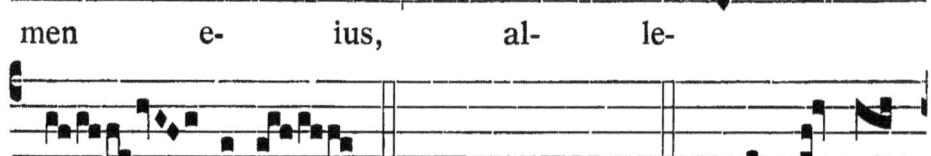

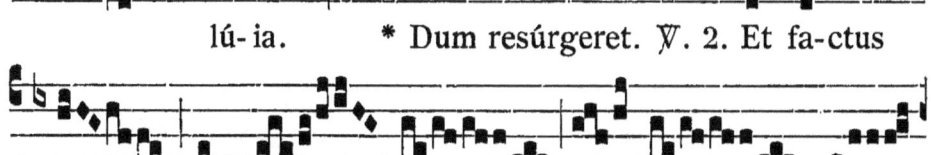

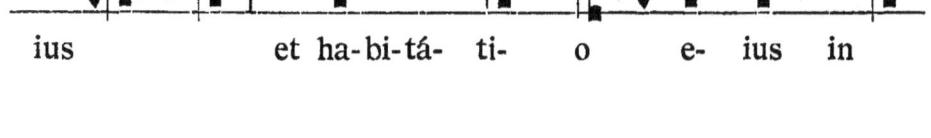

* Dum re-súrge- ret in iu-dí- ci- o De- us,

al- le- lú- ia.

℣. 1. No- tus in Iudaé- a De- us,

in Is- ra- el ma- gnum no-

men e- ius, al- le-

lú- ia. * Dum resúrgeret. ℣. 2. Et fa-ctus

est in pa- ce lo- cus e-

ius et ha-bi-tá- ti- o e- ius in

Si- on,   *

al- le-   lú- ia.   *vel* * Dum.

℣. 3. I- bi   confré-   git   cor-

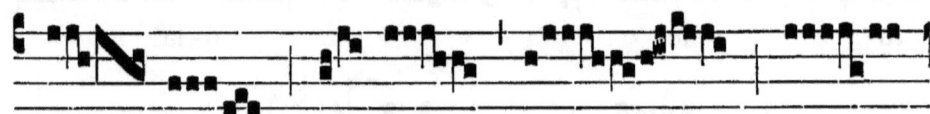

nu,   ar- cum,   scu-

tum   et glá-   di- um   et bel-

lum : il-lú- mi-nans tu   mi- ra-

bí-   li- ter   a món- ti-bus

ae-tér- nis   * al- le-

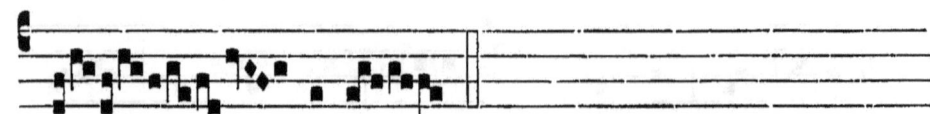

lú- ia.

34. — Angelus Domini.

Offert.
8.

A Nge- lus Dó- mi- ni descén-

dit de cae- lo, et di-

xit mu-li- é- ri-bus : Quem quaé- ri-tis,

surré- xit, * Sic- ut di- xit, al- le-

lú- ia. ℣. 1. E- ún- tes dí- ci-

te discí-pu- lis e- ius : Ecce

praecé- det vos in Ga-li-laé-

am : i- bi e- um vi-

dé- bi- tis, sic-ut di- xit, alle-   lú- ia. ℣. 2. Ie-sus

ste-   tit   in

mé-   di- o e- ó-   rum et di-   xit :

Pax vo-   bis! vi-dé-   te, qui- a e- go

i- pse   sum. * Sicut dixit.

35. — Intonuit de caelo.

Offert. 4.

I N-tónu- it de cae-   lo   Dó-

mi-   nus, et Al-tís- si- mus de-   dit vo-

cem su-   am:*Et appa- ru-é- runt fontes aquá-

rum, al-le-   lú- ia. ℣. 1. Díli- gam te Dó-mi-ne

vir- tus me- a : Dó- mi- nus firma-mén- tum

me- um et re-fú- gi- um me- um

et li- be- rá- tor me-

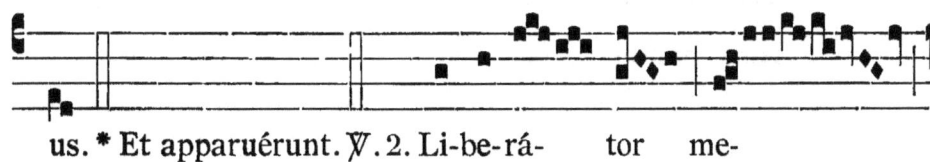

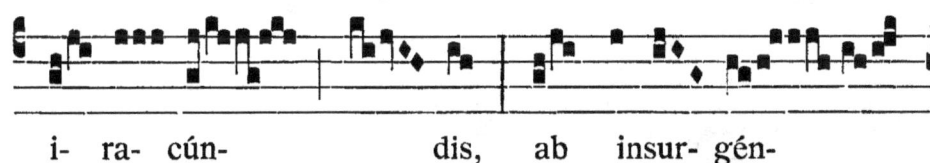

us. * Et apparuérunt. ℣. 2. Li-be-rá- tor me-

us de gén- ti- bus

i- ra- cún- dis, ab insur- gén-

ti- bus in me ex- al- tá- bis me :

a vi- ro in-í- quo e- rí- pi- es me.

36. — Portas caeli.

Offert.
8.

P Ortas cae- li a-pé- ru- it Dó- mi- nus :

et plu- it il- lis manna, ut é- de- rent : pa-

nem cae- li de- dit il- lis : * Panem Ange-

ló- rum mandu- cá- vit ho- mo, al-le-

lú- ia. ℣. 1. Atténdi- te, pó- pu- le me-

us, in le- gem me-

am : incli-ná- te aurem ve- stram in

ver- ba o- ris me- i. * Panem Angelórum.

℣. 2. Apé- ri- am in pa-

rá- bo- lis os me- um :

lo- quar pro-po- si-

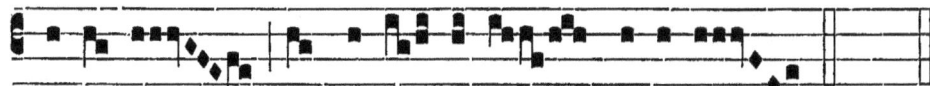

ti- ó-nes ab in-í- ti- o saécu-li.

* Panem Angelórum.

37. — In die sollemnitatis.

Offert.
I.

IN di- e sol-lemni- tá- tis ve-

strae, di- cit Dó- mi- nus, indú-

cam vos * In ter- ram flu-

én- tem lac et mel, al-le-

lú- ia. ℣. 1. Au- di pó-

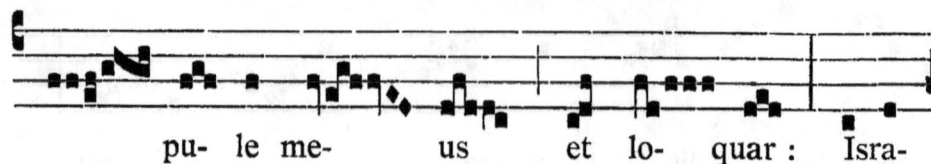

pu- le me- us et lo- quar : Isra-

el, si me audí- e- ris, da- bo

vo- bis de-si-dé-

ri- a cordis ve- stri.

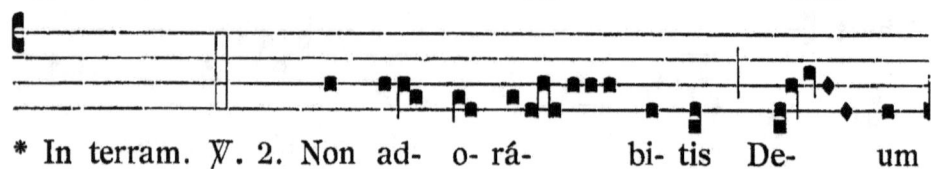

* In terram. ℣. 2. Non ad- o- rá- bi- tis De- um

a- li- é- num : qui- a e- go sum

Dó-mi- nus, De- us ve- ster, qui e-dú-

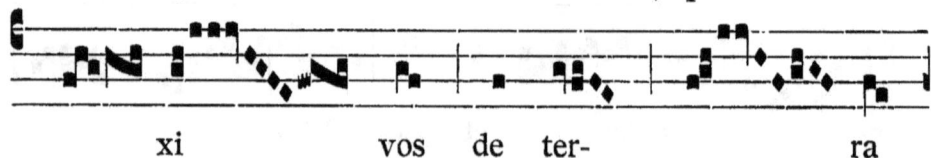

xi vos de ter- ra

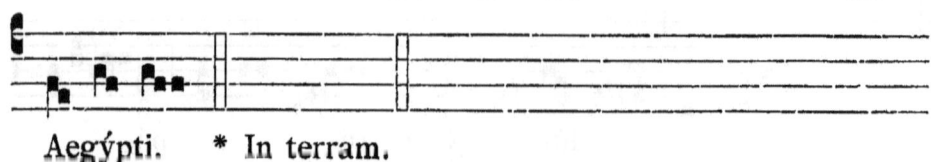

Aegýpti.   * In terram.

38. — Erit vobis.

Offert.
6.

E - rit vo- bis hic di- es memo- ri-

á- lis, al-le- lú- ia : et di- em fe-

stum ce-lebrá- bi- tis sol-é-mnem Dó- mi- no * In pro-

gé-ni- es ve- stras : le-gí- timum sempi- tér- num di-

em, al-le- lú- ia, al- le- lú- ia, alle-

lú- ia. ℣. 1. Di-xit

Mó- y-ses ad pópu- lum : Bono á- nimo estó-

te et vé- ni- et vo- bis sa- lus a Dó-

mi-no De- o et pugná-

39. — Benedictus qui venit.

bit pro vo- bis. * In progénies. ℣. 2. In men- te ha-bé-

te di- em istum, in quo ex-í- stis de

ter- ra Ae-gýpti, de do-mo ser-vi-tú- tis : in ma- nu

e-nim pot-én- ti li-be-rá- vit vos Dó- mi-nus.
* In progénies.

39. — Benedictus qui venit.

Offert.
8.

B E- ne-dí- ctus qui ve- nit in nó- mi-

ne Dó- mi- ni : * Bene-dí-ximus vo-bis

de domo Dó- mi- ni : De- us Dó-

mi- nus, * Et il-lú- xit no- bis, alle-lú-

ia, alle- lú- ia. ℣. 1. Haec di-

es, quam fe- cit Dó-mi- nus : exsulté-

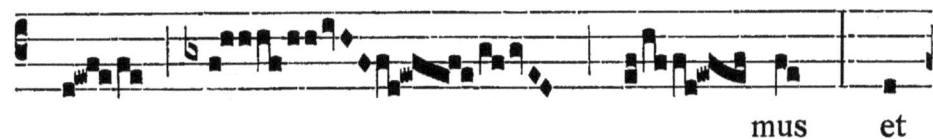

mus et

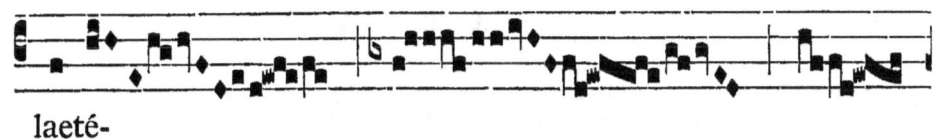

laeté-

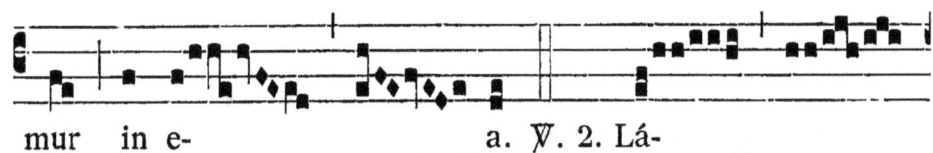

mur in e- a. ℣. 2. Lá-

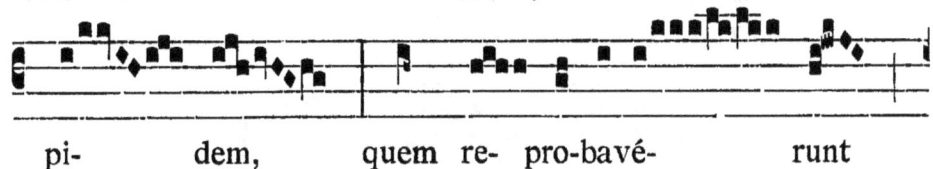

pi- dem, quem re- pro-bavé- runt

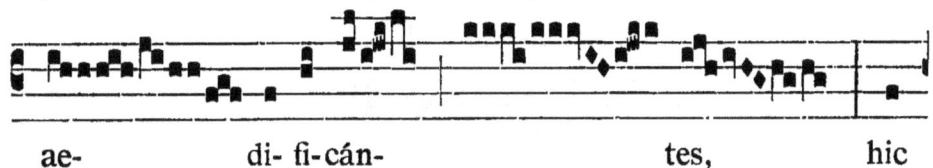

ae- di- fi-cán- tes, hic

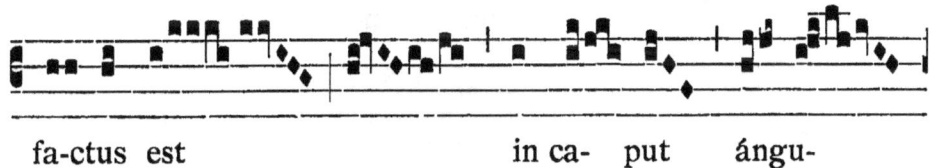

fa-ctus est in ca- put ángu-

li : a Dómi-no fa-ctum est et est mi-rá-

bi- le in ó- cu- lis no- stris.
* Benedíximus. *vel* Et illúxit.

40. — Deus, Deus meus.

Offert.
2.

D

E- us, De- us me- us, ad te de lu-

ce ví- gi- lo : * Et in nómi-ne tu- o

le- vá- bo ma- nus me- as, alle-

lú- ia. ℣. 1. Si- tí-vit in te á-ni- ma me-

a, quam multiplí- ci- ter et ca-

ro me- a, ut vi-dé- rem vir-tú- tem tu- am et

gló- ri- am tu- am. * Et in nómine.

℣. 2. In ma-tú- ti- nis me-di-tá- bor in te,

qui- a fa-ctus es adiú- tor me- us : et

(music notation)

in ve- lamén- to a-lá- rum tu- á- rum ex-

(music notation)

sul- tá-

(music notation)

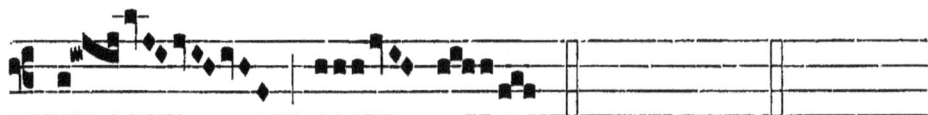

bo. * Et in nómine.

41. — Lauda anima.

Offert. 4.

(music notation)

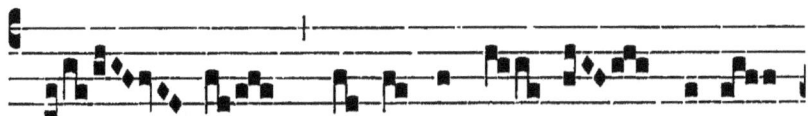

L Au- da á- ni-ma me- a Dómi-

(music notation)

num : laudá- bo Dó- mi-num in vi- ta me-

(music notation)

a : * Psal- lam De- o me- o, quámdi- u

(music notation)

e-ro, * al- le- lú- ia. ℣. 1. Qui custó-

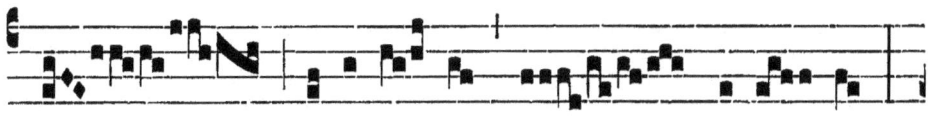

(music notation)

dit ve-ri-tá- tem in saécu- lum :

fá- ci- et   iu-dí-   ci- um   in- iú- ri- am   pa-

ti- én-   ti-   bus :   dat   e-   scam e- su- ri-

én-   ti-bus.   * Allelúia. ℣. 2. Dómi-nus é- ri- git

e- lí- sos,   Dómi-nus sol-   vit compe-   dí- tos :

custó-dit Dó- mi- nus pu-píl-lum et ádve-nam   et ví-du- am

su- scí- pi- et :   et vi- am pecca- tó- rum extermi-

ná-   bit :   regná- bit Dó-mi- nus   in

ae- tér-   num, De- us tu-   us,

Si- on,   in saé- cu- lum   saé-

cu- li.   * Allelúia *vel* * Psallam.

42. — Iubilate Deo universa terra.

Offert.
I.

Ubi- lá- te De- o   u- ni- vér-   sa ter-

ra : iu-bi- lá-

te De- o   u- ni- vér-   sa ter-

ra :   psalmum dí-   ci- te   nó-

mi- ni e-   ius : * Ve-ní- te, et audí- te,

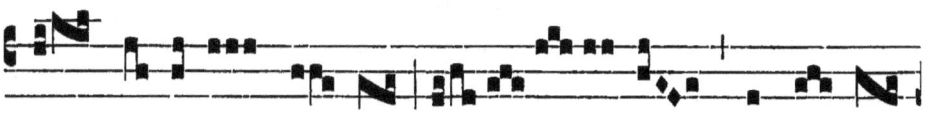

et nar-rábo vo- bis, o-   mnes qui ti-mé-

tis De- um, quanta fe- cit Dó- mi- nus á-

ni- mae me- ae, al-le- lú- ia.

℣. 1. Reddam ti- bi vo- ta me- a, red-

dam ti- bi vo- ta me-

a, quae di- stin-xé- runt

lá-

bi- a me- a.

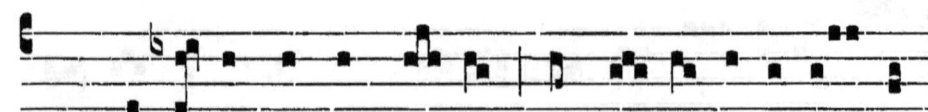

℣. 2. Lo- cú- tum est os me- um in tri- bu- la- ti- ó- ne

me- a : lo- cú- tum est os me- um in tri- bu- la-

ti- ó- ne me- a : ho- lo-

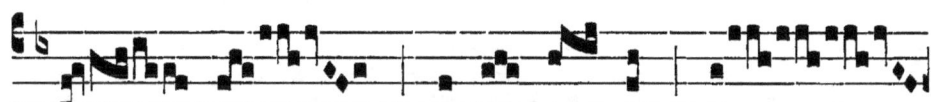

cáu- sta me- dul- lá- ta

óf-

fe- ram ti-

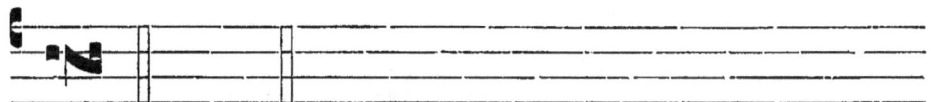

bi. * Veníte.

43. — Benedicite gentes.

Offert. 2.

B Ene- dí- ci- te gen- tes Dó- mi- num De- um

no- strum, et obaudí- te vo- cem laudis e- ius :

43. — Benedicite gentes.

qui pó- su- it á- nimam me- am ad vi-tam,

et non de-dit commo-vé-ri pe-des me- os :

* Be-ne-dí- ctus Dó- mi-nus, qui non a- mó- vit depre-

ca-ti- ó- nem me- am, et mi-se- ri-cór- di- am

su- am a me, alle- lú- ia.

℣. 1. Iu-bi-lá- te De- o omnis ter-

ra, psalmum dí- ci- te nó- mi- ni e- ius :

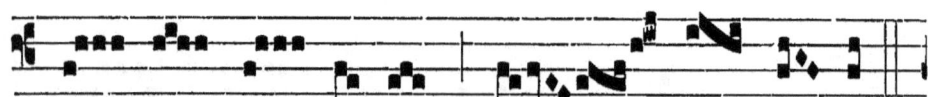

da- te gló- ri- am lau- di e- ius.

℣. 2. In multi- tú- di-ne virtú- tis tu- ae menti- én-

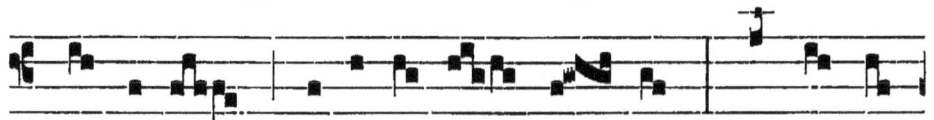

tur ti- bi in- i-mí- ci tu- i : omnis ter-

ra ad- ó- ret te et psallat ti- bi, Al-

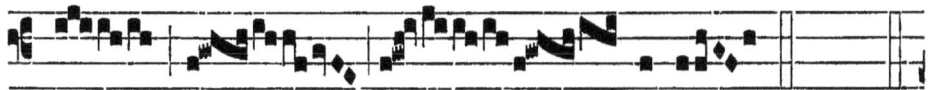

tís- sime. * Benedíctus.

℣. 3. Ve- ní- te et vi-dé- te ó- pe- ra Dó- mi-

ni : quam terrí- bi- lis in consí- li- is super fí-

li- os hó- mi- num : ad i- psum o-re me- o

clamá- vi et ex-sul- tá- vi sub lin-

gua me- a : pro-ptér- e- a exaudí-vit

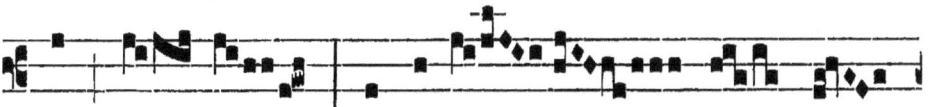

me De- us et intén- dit vo-

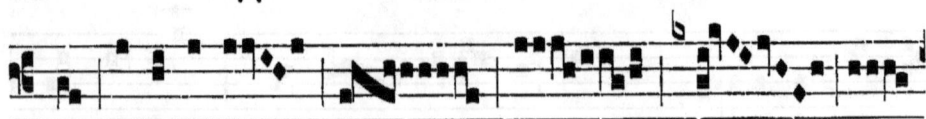

ci   o-ra-ti- ó-

nis me-   ae.
* Benedíctus.

44. — Confitebor Domino.

Offert.
6.

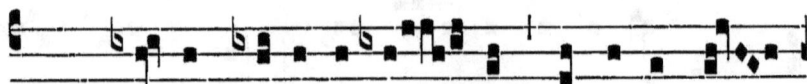

C Onfi- té-bor Dómi-no ni-   mis   in o-re me-

o :   et in mé-di- o multó-   rum laudá-bo e-

um, qui ásti-   tit   ad déx- te- ram páu- pe-

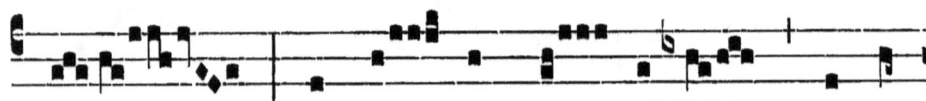

ris,   * Ut sal- vam fá-   ce- ret   a per-

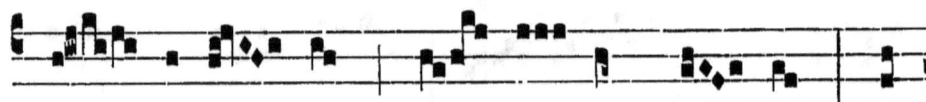

se- quénti- bus   á- ni- mam me-   am,   al-

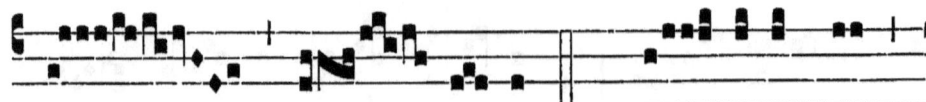

le-   lú- la. ℣. 1. Ad- iúva me,

Dó- mi- ne, De- us me- us : salvum me fac

pro- pter mi- se- ri- cór- di- am tu- am, ut sci- ant,

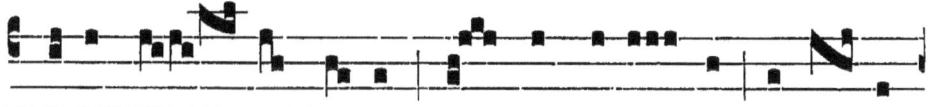

qui- a ma- nus tu- a et tu Dómi- ne fe- cí- sti

e- a. * Ut salvam.

℣. 2. Qui insúrgunt in me, con- fundán-

tur : ser- vus tu- us lae-

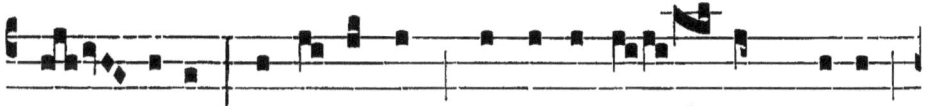

tá- bi-tur : indu- ántur, qui detra-hé- bant mi-hi,

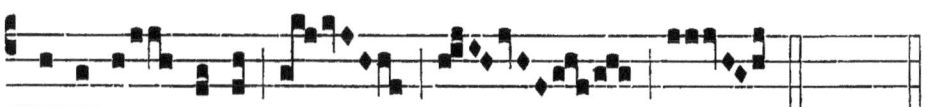

reve-rén- ti- a. * Ut salvam.

45. — Ascendit Deus.

Offert.
I.

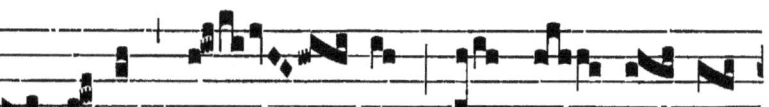

A - scéndit De- us in iu- bi- la-

45. — Ascendit Deus.

ti- ó- ne, Dó- mi- nus in vo-

ce tu- bae, * al- le- lú-

ia. ℣. 1. O- mnes gen-

tes pláu- di- te má- ni-

bus : iu- bi- lá- te De- o

in vo- ce ex- sul- ta- ti- ó- nis. * Allelúia.

℣. 2. Quó- ni- am Dó- mi- nus

summus terrí- bi- lis :

Rex ma- gnus su- per

o- mnem ter- ram. * Allelúia. ℣. 3. Subié-

cit pó- pu- los no-bis :

et gen- tes sub pé-

di- bus no-stris. * Allelúia.

46. — Emitte Spiritum.

Offert.
8.

E - mít-te Spí- ri- tum tu- um, et cre-

a- bún- tur, et re- no-vá- bis fá- ci- em

ter- rae : * Sit gló- ri- a Dó- mi- ni

* In saé- cu- la, al-le- lú-ia.

℣. 1. Bé- ne-dic á- ni- ma me-

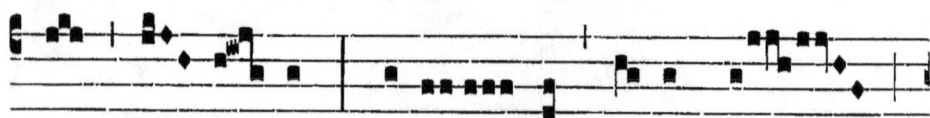

a Dó- mi- num : Dómi- ne, De- us me-

us, magni- fi- cá- tus es ve- he-

mén- ter. * In saécula.

℣. 2. Confessi- ó- nem et de-

có- rem indu- í- sti : amí-ctus lu-

men sic-ut ve- stimén-

tum. ℣. 3. Extén- dens cae- lum sic-ut

pel- lem : qui te- gis in a-

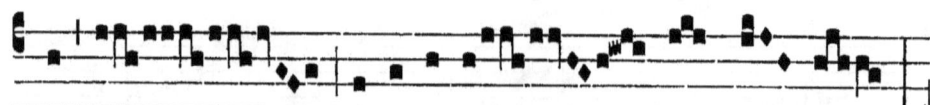

quis supe- ri- ó- ra e- ius :

qui po- nis nu-   bem a- scén- sum

tu-   um. * Sit glória.

47. — Confirma hoc.

Offert.
4.

COnfírma hoc   De- us,   quod o- pe-rá-

tus   es   in no-   bis :   a templo tu-   o,   quod

est   in Ie- rú-   sa- lem,   * Ti-   bi óf-

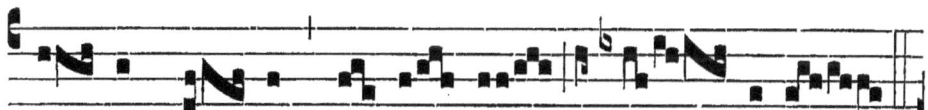

fe- rent re- ges mú- ne- ra,   * al-le-   lú- ia.

℣. 1. Cantá-   te

Dó- mi- no :   psalmum dí-   ci- te   nó- mi- ni

47. — Confirma hoc.

e- ius : i- ter fá- ci- te e- i,

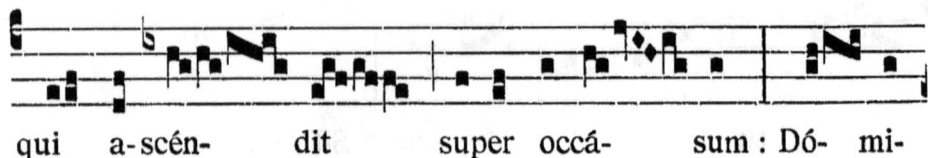

qui a-scén- dit super occá- sum : Dó- mi-

nus no- men est il- li. ℣. 2. In ecclé- si-

is be-ne- dí- ci- te De-

o Dó- mi- no, de fón- ti- bus Is- ra-

el.

℣. 3. Regna terrae cantá- te De-

o : psál- li- te

Dó- mi- no, qui ascén- dit cae- los

cae- ló- rum ad O- ri- én-

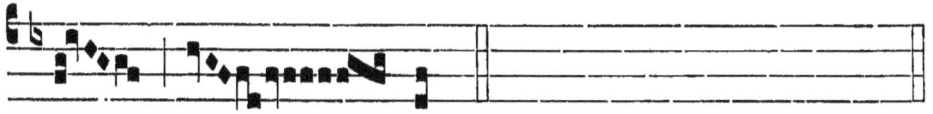

tem. * Tibi ófferent. *vel* * Allelúia.

48. — Benedictus sit.

Offert.
3.

Bene- dí- ctus sit De- us Pa- ter,

u-ni-ge- ni- tús-que De- i Fí- li- us,

San- ctus quo- que Spí- ri- tus : * Qui- a

fe- cit no- bís- cum mi- se- ri- córdi- am su-

am. ℣. 1. Be-ne- di- cá- mus Pa-

trem et Fí- li- um cum San-

48. — Benedictus sit.

cto Spí- ri- tu : lau- dé- mus et

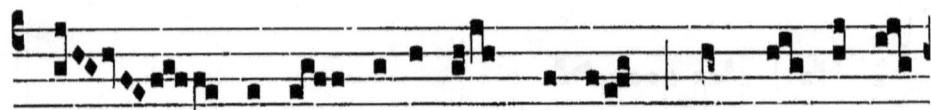

su- per- ex- altémus e- um in saé- cu- la.

* Quia fecit. ℣. 2. Be-

ne- dí- ctus es, qui in-tu- é-ris

a-býs- sos et se- des su-

per Ché- ru- bim : et su- per- lau-

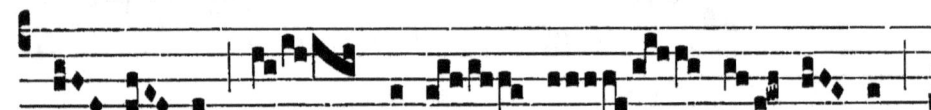

dá- bi- lis et super- ex- al- tá- tus

in saécu- la.

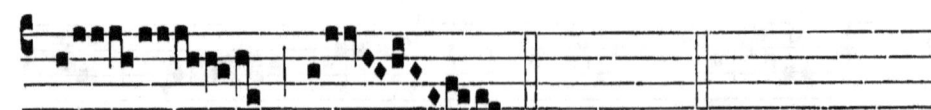

* Quia fecit.

49. — Intende voci.

Offert.
5.

INtén- de vo- ci o-ra- ti- ó- nis me- ae, * Rex me- us, et De- us me- us : quó- ni- am ad te o-rá- bo, Dó- mi- ne. ℣. 1. Ver- ba me- a áu-ri- bus pérci- pe Dó- mi- ne : intél- li- ge clamó- rem me- um et exáu- di me. * Rex meus. ℣. 2. Dí- ri- ge in con- spé- ctu tu- o vi- am me- am et laetén- tur o- mnes, qui spe- rant in

te Dómi- ne : in ae-térnum glo- ri- a-

bún- tur, qui dí- li-gunt no-men tu- um,

Dó- mi- ne.

50. Domine convertere.

Offert.
6.

DOmi-ne convérte-re, et é- ri- pe á-nimam

me- am : * Salvum me fac pro- pter mi-se- ri-córdi- am

tu- am. ℣. 1. Dó- mi- ne, ne in

i- ra tu- a ár- gu- as me : ne-que in fu-róre tu- o corrí- pi- as me. ℣. 2. Mi-se-ré- re mi-hi,

Dómi- ne, quó-ni- am in- fírmus sum : sana me, Dó- mi-

ne, quó- ni- am conturbá-ta sunt ómni- a os-

sa me- a. * Salvum me fac.

51. — Sperent.

Offert.
3.

S Pe- rent in te omnes, qui no- vé-runt

no- men tu- um, Dómi- ne : quó- ni- am non de-

re- línquis quaerén- tes te : * Psál- li- te Dó-

mi- no, qui há- bi- tat in Si- on :

*Quó-ni- am non est oblí- tus o-ra-ti- ó- nem páu-

pe- rum. ℣. 1. Se- des super thro- num, qui iú-

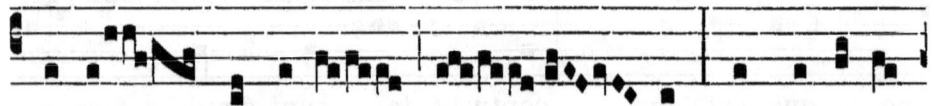

di- cas aequi-tá- tem : incre-pásti

gentes et pér- i- it ímpi- us : iu-di- cá- re pó-

pu-lum cum iustí- ti- a : et fa- ctus es re- fú-

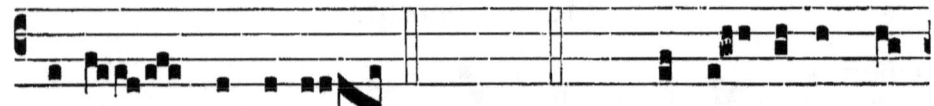

gi- um páupe-rum. * Psállite. ℣. 2. Cogno- scé- tur Dó-

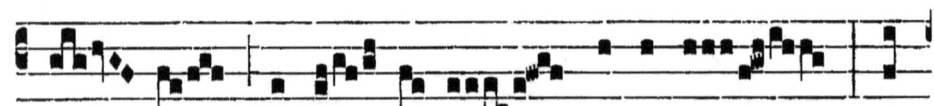

mi- nus iu-dí- ci- a fá- ci- ens, quó-

ni- am pa-ti- énti- a páu- pe-rum non per- í- bit

in fi- nem : de- si-dé- ri- um páupe-rum

exaudí- vit De-

us.

* Psállite. *vel* * Quóniam.

52. — Illumina.

Offert.
4.

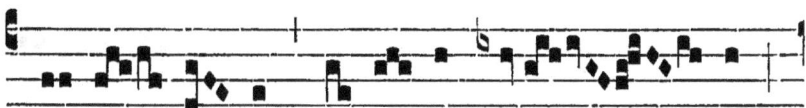

L- lú- mi- na ó- cu- los me- os,

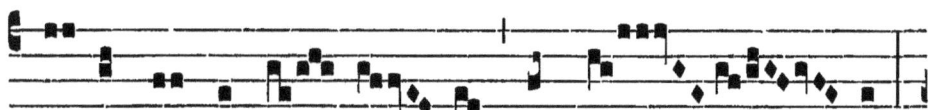

ne-quándo obdór- mi- am in mor- te :

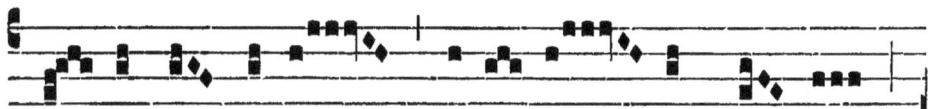

ne- quándo di- cat in-i- mí- cus me- us :

Prae- vá- lu- i ad-vér-sus e- um.

℣. 1. Usquequo Dómi-ne obli- vi-

scé- ris me in fi- nem? Quámdi- u po-

53. — Benedicam Dominum.

nam consí- li- a in á- ni- ma

me- a? ℣. 2. Réspi-ce in me et exáu-

di me : cantá- bo Dó- mi- no, qui bo-

na trí- bu- it

mi- hi.

53. — Benedicam Dominum.

Offert.
I.

B Ene- dí- cam Dó- mi- num, qui mi- hi trí-bu-

it intel- lé- ctum : pro-vi-débam De- um

in conspé- ctu me- o sem- per : quó-ni- am

a dex tris est mi- hi, ne commó-

ve- ar. ℣. 1. Consérva me, Dó-

mi-ne, quó- ni- am in te spe- rá- vi :

e- go di- xi : De- us me- us es

tu : Dó- mi- nus pars haere- di- tá- tis

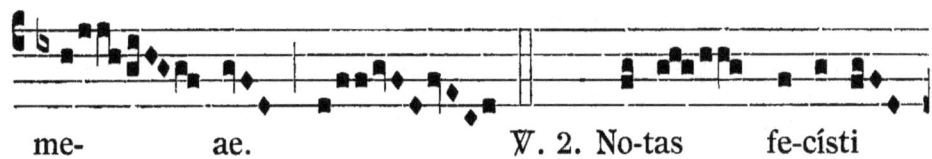

me- ae. ℣. 2. No-tas fe-císti

mi- hi vi- as vi- tae, ad-im-

plé- bis me lae-tí- ti- a cum vul- tu tu- o :

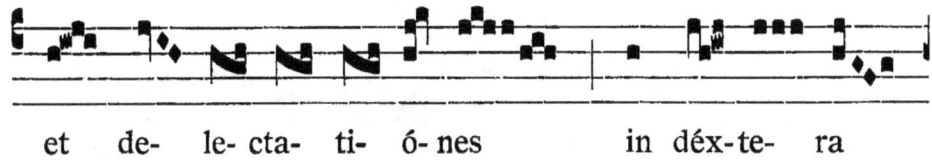

et de- le- cta- ti- ó- nes in déx-te- ra

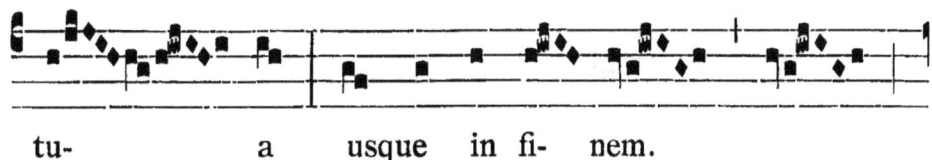

tu- a usque in fi- nem.

* Quóniam.

54. — Perfice.

Offert.
4.

P Erfi- ce gres- sus me- os in sé- mi- tis

tu- is, ut non mo-ve- án- tur vestí- gi- a

me- a : inclí- na au- rem tu- am, et exáudi

verba me- a : mi- rí- fi-ca mi- se-ri-córdi- as tu-

as, * Qui salvos fa-cis spe-rántes in te, * Dómi-

ne. ℣. 1. Exáudi, Dó- mi- ne, iustí- ti- am

me- am, intén- de de-pre-ca-ti- ó-nem me- am :

áuri- bus pér- ci-pe o-ra-ti- ó- nem

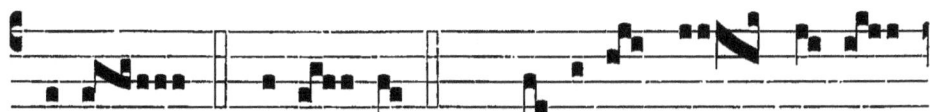

me- am. * Dómi- ne. ℣. 2. Custó-di me Dó-mi-

ne ut pu-píl-lam ó- cu-li, sub umbra a-lá-

rum tu- á- rum pró- te-ge me : é-ri- pe me Dó-

mi- ne ab ím- pi- o. * Qui salvos. ℣. 3. Ego

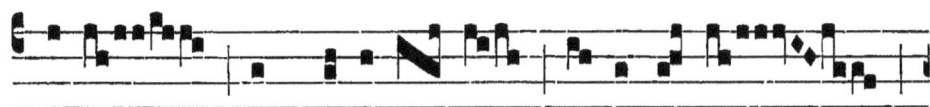

autem cum iustí- ti- a appa-ré- bo

in conspé-ctu tu- o : sa-ti- á- bor, dum

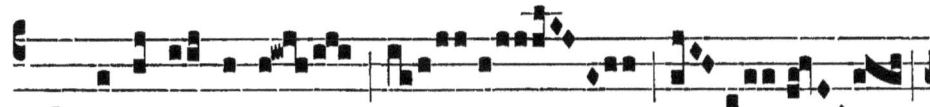

ma-ni-festá- bi-tur gló-

ri- a tu- a. * Dómi- ne.

55. — Sicut in holocausto.

Offert.
5.

S Ic- ut in ho-lo-cáu- sto a-rí- e- tum et tau-

ró- rum, et sic- ut in míl- li- bus agnó- rum pín-

gui- um : sic fi- at sacri- fí- ci- um no-

strum in conspé-ctu tu- o hó- di- e, ut plá- ce-

at ti- bi : * Qui- a non est confú-si- o confi-

dénti-bus in te Dómi- ne.

℣. Et nunc sé-qui- mur in to-to cor- de et timé-

mus te et quaé- rimus fá-ci- em tu- am, Dómi- ne :

ne confún-das nos, sed fac no- bis iuxta mansu- e- tú- di- nem tu- am et se- cún- dum multi- tú-

di- nem mi- se- ri- cór- di- ae tu- ae. * Quia non est.

56. — Populum humilem.

Offert.
5.

P O- pu- lum hú- mi- lem salvum fá- ci- es,

Dó- mi- ne, et ó- cu- los super-bó- rum

hu-mi- li- á- bis : * Quó-ni- am quis De- us

praeter te, Dó- mi- ne?

℣. 1. Cla- mor me- us

in conspé- ctu e- ius intro- í-

vit in au- res e-ius. * Quóniam quis. ℣. 2. Li-be-rá- tor

me-

us de gén- ti- bus i- ra-

cún- dis : ab insurgén-ti- bus in me

ex-altá-

bis me. * Quóniam.

57. — Iustitiae Domini.

Offert.
4.

Ustí-ti- ae Dómi- ni re- ctae, lae-

ti- fi-cántes cor- da, * Et dulci- ó- ra su-

per mel et fa- vum : nam et servus tu- us cu-

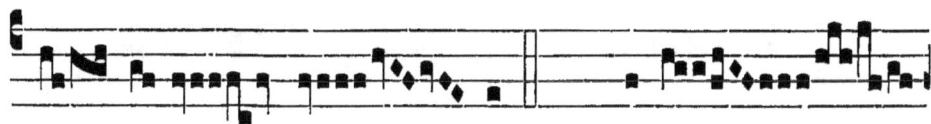

stó- di- et e- a. ℣. 1. Praecé-

ptum Dó- mi- ni lú- ci- dum il- lú- mi-

nans ó-cu- los : ti- mor De- i san-

ctus pér- ma-net in saécu-lum saé- cu- li : iu-

dí- ci- a Dó- mi-ni ve- ra. * Et dulcióra.

℣. 2. Et e- runt, ut complá-

ce- ant e- lóqui- a o-ris

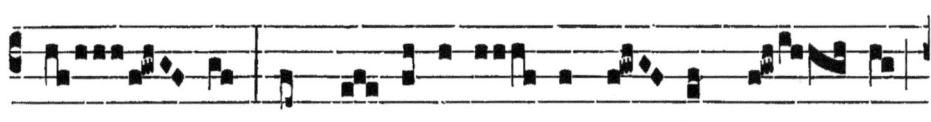

me- i et me- di-tá-ti- o cor- dis me- i

in conspé- ctu tu- o sem-

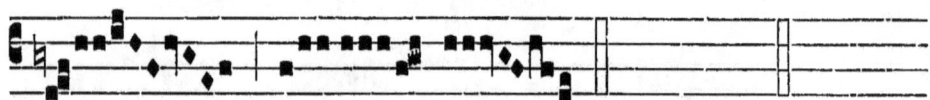

per. * Et dulcióra.

58. — Exaltabo.

Offert. 2.

E X- altá- bo te Dómi- ne, quó- ni- am

sus- ce- pí- sti me, nec de- le- ctá-

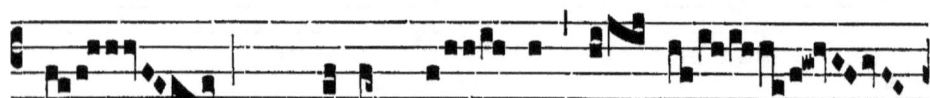

sti in-imí-cos me- os su- per

me : * Dó- mi- ne clamá-vi ad te, et sa-

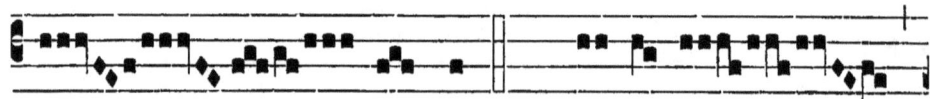

ná- sti me. ℣. 1. Dó-mi- ne,

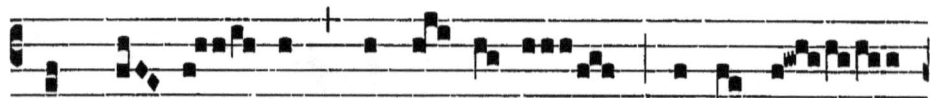

abstra- xí- sti ab ín- fe- ris á-ni-mam

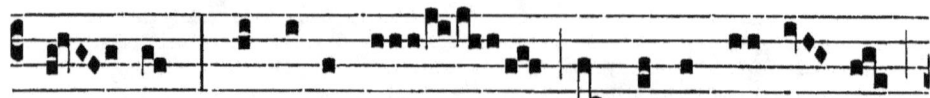

me- am : salvásti me a descendén-ti- bus

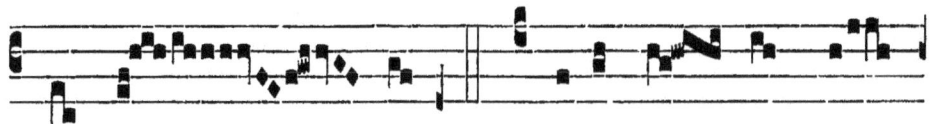

in la- cum. ℣. 2. Ego au- tem di-

xi in me- a a- bundán- ti- a : Non mo-

vé- bor in ae- tér- num : Dómi- ne, in vo- luntá-

te tu- a praesti- tí- sti de-có-

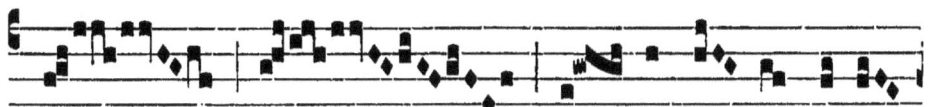

ri me- o virtú-

tem. * Dómine.

59. — Precatus est Moyses.

Offert.
8.

P Re-cá- tus est Mó- y- ses in conspéctu

Dó- mi- ni De- i su- i, et di-

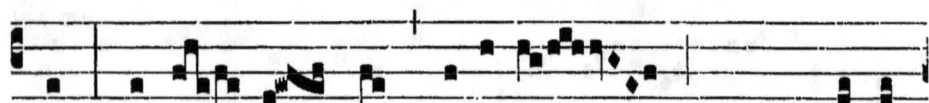

xit. Pre- cá- tus est Mó- y-ses in conspéctu

Dó- mi- ni De- i su- i, et di- xit :

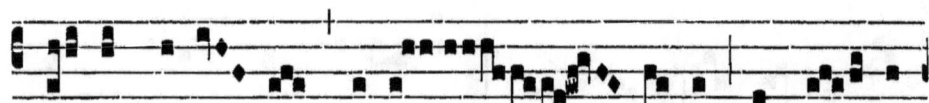

Qua- re, Dómi- ne, i-rá- sce- ris in pó- pu-

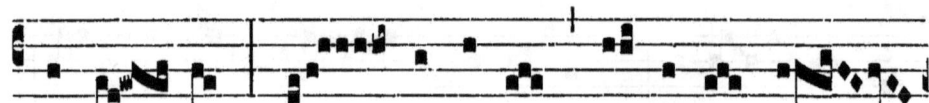

lo tu- o? Par- ce i-rae á- nimae tu-

ae : memén-to Abraham, I-sa- ac et

Ia-cob, quibus iu-rásti da- re terram flu- éntem lac

et mel. * Et pla-cá-tus fa-ctus est Dó-

mi- nus de ma-ligni-tá- te, quam di- xit fá-

ce- re pó-pu-lo su- o.

℣. 1. Di- xit Dó- mi- nus ad Mó- y-

sen : Inve-nísti grá- ti- am in conspé- ctu

me- o et sci- o te prae ó-

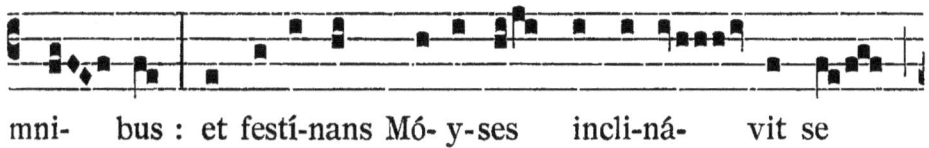

mni- bus : et festí-nans Mó- y-ses incli-ná- vit se

in ter- ram et ad-o-rá- vit di- cens :

Sci- o, qui- a mi- sé- ri- cors es in míl- li-

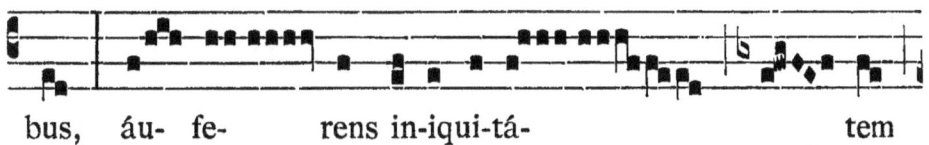

bus, áu- fe- rens in-iqui-tá- tem

et peccá-ta.

* Et placátus. ℣. 2. Di-

xit Mó- y-ses   et A- a-   ron, di-xit Mó- y- ses

et A- a-ron   ad omnem

sy-na-gó- gam fi-li- ó- rum Is- ra- el : Accé-

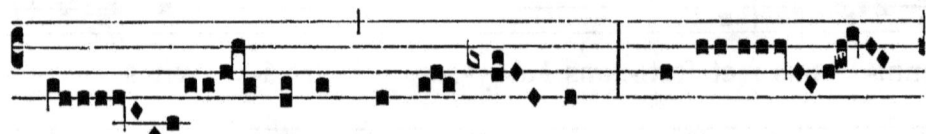

di-te ante De- um : ma-ié-

stas Dó- mi- ni appá-ru- it in

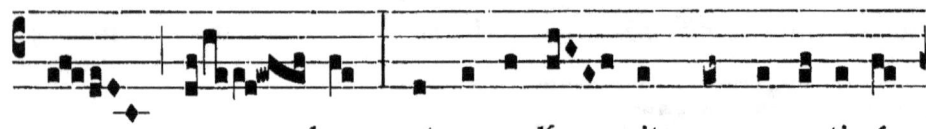

nu- be : et exaudí- vit murmu-ra-ti- ó-

nem ve- stram in tém-

po- re.
* Et placátus.

60. — In te speravi.

Offert.
2.

IN te sperá- vi Dómi- ne : di-

xi : Tu es De- us me- us, * In má- ni-bus

tu- is tém- po-ra me- a. ℣. 1. Il-lú- mi- na

fá- ci- em tu- am super

ser- vum tu- um et sal- vum me

fac pro- pter mi- se-ri-córdi- am tu- am :

Dó- mi- ne, non confúndar, quó-ni- am in-

vo-cá- vi te. * In mánibus. ℣. 2. Quam

ma- gna mul-ti- tú- do dulcé- di- nis tu- ae,

Dó- mi-   ne, quam abscondí-sti timén- ti- bus te :

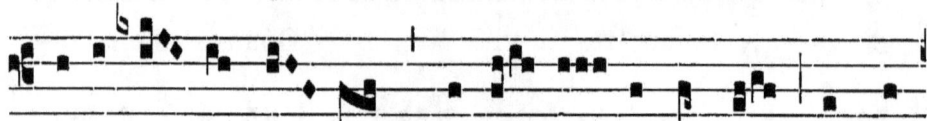

perfe- cí- sti   au- tem spe-rán-ti- bus in te   in con-

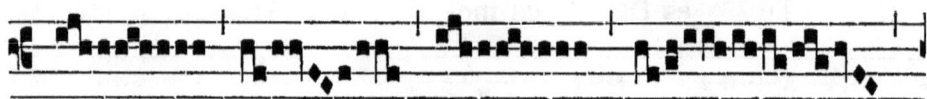

spé-

ctu   fi-li- ó- rum hó- mi-num. * In mánibus.

61. — Immittet Angelus.

Offert.
8.

I Mmít- tet An-   ge-lus Dó- mi-   ni

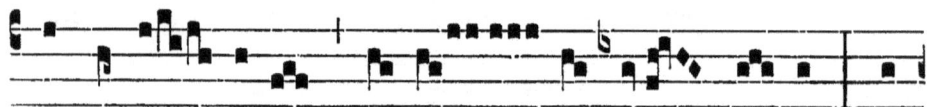

in circú-   i- tu   ti-mén-   ti- um   e- um, et

e- rí- pi- et e-   os : * Gu-stá-   te   et

vi- dé-   te, * Quó-ni- am su- á-   vis est

Dó- mi- nus. ℣. 1. Be-ne-dí-

cam Dó- mi-num in omni tém-

po- re : semper laus e- ius in o-

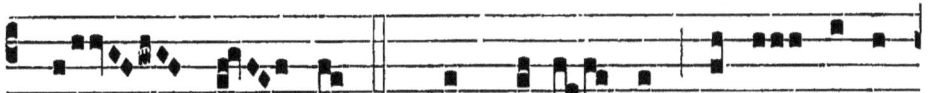

re me- o. ℣. 2. In Dómi- no laudá- bi-tur

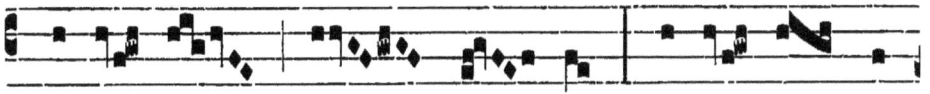

á-ni- ma me- a : áudi- ant man-

su- é- ti et laetén- tur : magni- fi-cá-te

Dó- mi-num me- cum et ex-alté- mus nomen e- ius

in ín- vi- cem. ℣. 3. Accé- di-te ad

e- um et il-lumi- námi- ni et vul-tus ve-

stri   non   e-ru-bé-   scent.   Iste

pauper cla- má-   vit   et Dó-   mi-nus ex- au-dí- vit

e-   um   et ex ó-mni-   bus tri-bu-la-ti- ó-ni-bus

e-ius li-be-rá-   vit   e-   um. * Quóniam. *vel* Gustáte.

62. — Exspectans.

Offert.
5.

E Xspé- ctans exspectá- vi Dómi- num, et re-

spé-   xit me :   et ex-au-dí- vit   depre-ca- ti-

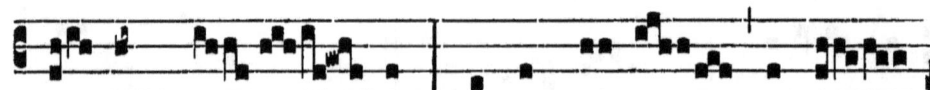

ó- nem me-   am, * Et immí- sit   in os

me-   um cán- ti cum novum,   hymnum De-   o

no- stro. ℣. 1. Stá- tu- it supra pe- tram pe-des

me- os et di-ré- xit gressus me- os. * Et immísit.

℣. 2. Mul-ta fe- císti tu, Dó- mi-ne, De- us me-

us, mi-ra-bí- li- a tu- a et co- gi-ta-ti- ó-

ni-bus tu- is non est, qui sí- mi- lis ti-

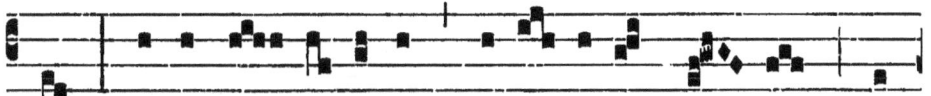

bi : be-ne nun- ti- á-vi iustí- ti- am tu- am in

ecclé- si- a ma-

gna. ℣. 3. Dómi- ne, De- us, tu cogno- ví- sti

iustí- ti- am me- am : non abscóndi in

63. — Domine in auxilium.

corde me- o ve- ri- tá- tem tu- am et sa-

lu- tá- re tu- um di- xi : ad-iú- tor

me- us, Dó- mi- ne, et pro- té- ctor

me-

us. * Et immísit

63. — Domine in auxilium.

Offert.
6.

Domi- ne, in auxí- li- um me- um réspi- ce :

con-fundántur et re-ve-re- án- tur, qui quae-runt á-ni

mam me- am, ut áu-fe-rant e- am :

Dómi nc, in auxí- li- um me- um réspi- ce.

V. 1. Avertán- tur retrór-

sum et e- ru- bé- scant, qui có-

gi-tant mi- hi ma-

la. V. 2. Exspé- ctans exspectá- vi Dó-

mi- num et re- spé-xit me : et exaudí-

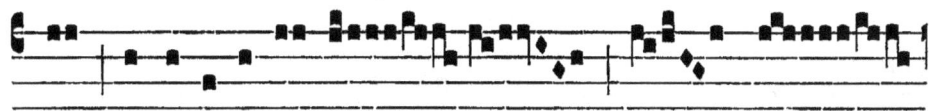

vit depre-ca-ti- ó- nem me-

am.

64. — Oravi Deum.

Offert.
4.

O - rá- vi De- um me- um e-

go Dá-ni- el, di- cens : Exáu- di, Dómi- ne,

pre- ces ser- vi tu- i : il-lúmi-na fá- ci- em tu-

am su- per sanctu- á- ri- um tu- um : * Et pro-pí-

ti- us in-tén- de pó- pu-lum istum, * Super quem in-

vo-cá- tum est no-men tu- um, De-

us. ℣. 1. Adhuc me loquén-

te et o- rán- te et nar-

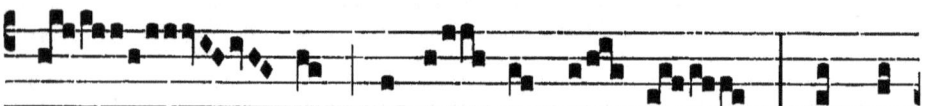

rán- te peccá- ta me- a et de-

lícta pó-pu- li me- i Is-ra- el. * Super quem.

℣. 2. Audí- vi vo- cem di-cén- tem mi-

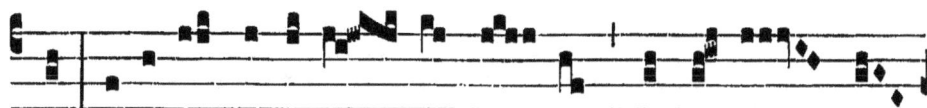

hi : Dá-ni- el, intél-le- ge ver- ba, quae loquor ti-

bi, qui- a e- go mis- sus sum ad te. Nam

et Mícha- el

ve-nit in adiu-tó- ri- um me-

um. * Et propítius. *vel* Super.

65. — Meditabor.

Offert.
2.

M É-di- tá- bor in mandá- tis tu- is,

quae di- lé- xi val-de : * Et levá- bo ma- nus me-

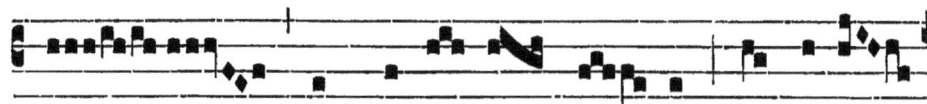

as ad mandá- ta tu- a, quae di-lé-

xi. ℣. 1.Pars

me- a Dó- mi- ne, di- xi custo-dí- re

le- gem tu- am : pre- cá- tus sum vultum

tu- um in to-to cor- de me-

o. ℣. 2. Mi- se- ré- re me- i

se-cúndum e-ló- qui- um tu- um, qui- a co-gi- tá-

vi vi- as tu- as et convér- ti pe-des

me- os in testimó- ni- a tu- a. * Et levábo.

66. — Benedic... et renovabitur.

Offert.
5.

B

Ene-dic á- nima me- a Dó- mi- no, et no-

li ob- li- vísci omnes retri-bu- ti- ó- nes e-

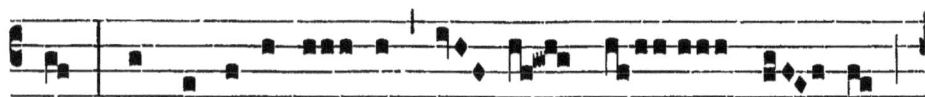

ius: * Et re-nová-bi- tur, sic- ut á- qui- lae,

iu- vén- tus tu- a.

℣. 1. Qui pro-pi-ti- á- tur ómni-

bus in-iqui-tá- ti-bus tu- is et réd- imet de in-té-

ri-tu vi- tam tu- am : qui co- ró-nat te in

mi- se- ra-ti- ó- ne et mi-se-ri- cór- di- a.

℣. 2. Iustí- ti- a e- ius super fí- li- os fi- li- ó-

rum custo-di- énti- um testamén- tum e- ius et man-

dá- ta e- ius, ut fá- ci- ant e- a : Dó-

67. — Domine Deus.

mi- nus in cae- lo pa- rá- vit se- dem

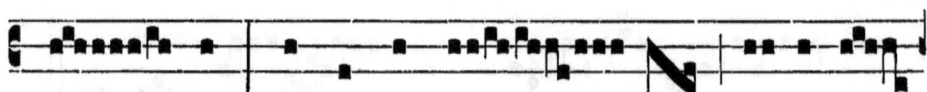

su- am : et regnum e- ius ómni- um

domi- ná- bi- tur. * Et renovábitur.

67. — Domine Deus salutis.

Offert.
8.

DO-mi- ne De- us sa-lú- tis me- ae, in di-

e clamá- vi, et no- cte co-ram te : * Intret o- rá-

ti- o me- a * In con- spéctu tu- o, Dó-mi-

ne. ℣. 1. Incli- na au- rem tu- am ad pre- cem me- am,

Dó- mi- ne : lon- ge fc- cí- sti no- tos me- os

a me : clamá- vi ad te, Dó- mi- ne : to- ta

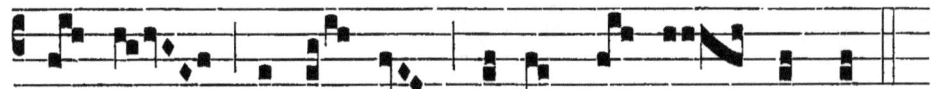

di- e expán- di ma-nus me- as ad te.

* In conspéctu. ℣. 2. Et e- go ad te Dó- mi-ne cla-

má- vi : et ma-

ne o-rá- ti- o me-

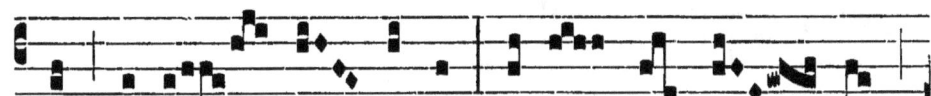

a praevé- ni- et te : e-gens sum e- go

in labó- ri-bus a iuventú- te me- a.

℣. 3. Factus sum sic-ut homo si- ne ad-

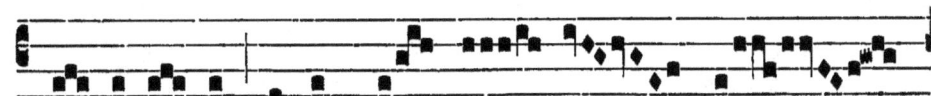

iu- tó-ri- o, inter mór- tu- os li-

ber : trá-di- tus sum et non egre-di- é-bar.

(chant notation)

* Intret.

68. — Sanctificavit.

Offert. 5.

SAncti- fi- cá- vit   Mó- y-ses   altá-re

Dómi- no,   óffe- rens su- per il-   lud ho- lo-

cáu-   sta,   et   ímmo- lans ví- cti- mas: * Fe-cit sa-

cri- fí- ci- um vesper- tí- num in o- dó- rem su- a-

vi- tá-   tis   Dó- mi-no   De- o,   in conspé-

ctu   fi- li- ó-rum Isra- el.

℣. 1. Lo-cú-tus   est Dóminus ad Mó- y-sen   di-

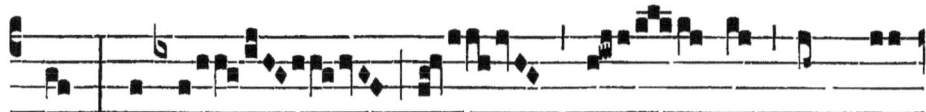

cens : Ascén- de ad me

in mon- tem Si-na et sta-tis su- per ca-cú-

men e- ius : Sur- gens Mó- y- ses ascén-

dit in montem, u-bi constí-tu- it e- i

De- us, et de-scén- dit ad e- um

Dó-mi-nus in nu- be et ádsti- tit ante

fá- ci- em e-ius. Vi- dens Mó- y- ses pró- ci-

dens ad-o-rá-vit di- cens : Obsecro, Dó- mi- ne,

di- mít-te pec-cá-ta pó-pu- li tu- i. Et di-xit

ad e- um Dó-mi-nus : Fá- ci- am　se- cúndum verbum

tu- um. Tunc Mó-　y-ses　* fe- cit.

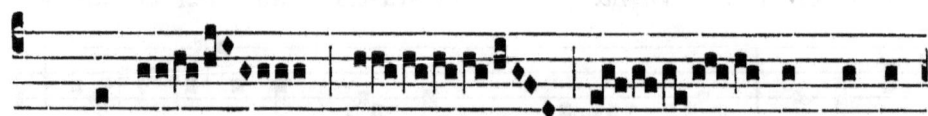

℣. 2. O-rá-　vit Mó- y-

ses　Dómi-num et di-　xit : Si　invé- ni grá-

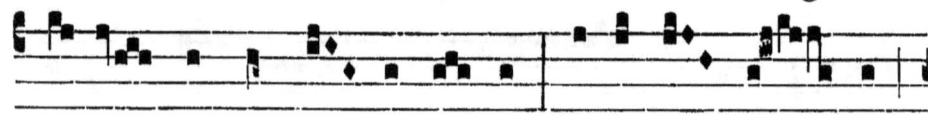

ti- am　in conspé- ctu tu- o,　osténde　mi-　hi

te ipsum　ma-ni- fé-　ste,　ut ví- de-　am

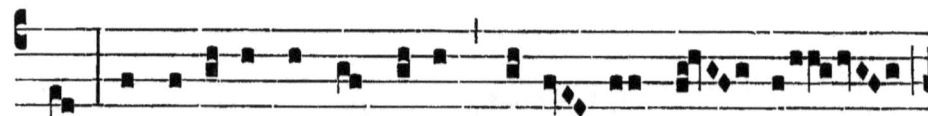

te. Et lo-cú-tus est ad e- um Dómi- nus di-　cens :

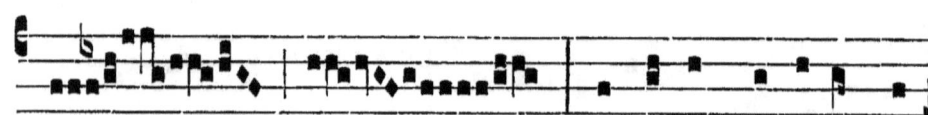

Non e-nim vi-dé-bit me

ho-　mo　et ví- ve rc　pot-　est : sed esto super alti-tú-di- nem lá- pi- dis et pró-

te-get te déxte-ra me- a, do- nec per-

tráns- e- am : dum pertransí- e-ro,

áufe-ram manum me- am et

tunc vi- dé- bis gló- ri- am me-am, fá-

ci- es autem me- a non vi-dé- bi- tur ti- bi, qui- a

e-go sum De- us osténdens mi-ra-bí- li- a

in ter-

ra. Tunc Mó-

y- ses * fe- cit.

69. — Si ambulavero.

Offert.
8.

S I ambu-lá- ve- ro in mé- di- o

tri- bu- la- ti- ó- nis, vi- vi- fi-cá-

bis me, Dó-mi- ne : et super i- ram

in-i- mi-có- rum me- ó- rum extén-

des ma- num tu- am, * Et salvum me fe-

cit déx-te- ra tu- a.

℣. 1. In quacúmque di-

e invo-cá-ve- ro te, exáu- di

me, Dó-mi- ne : mul-tipli- cá-

bis   in á-   ni- ma me-   a virtú-

tem tu-   am. ℣. 2. Ado- rá-   bo   ad templum san-

ctum tu-   um et   confi-té-

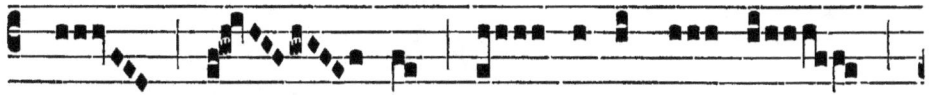

bor nó- mi-ni tu-   o,

Dó-   mi- ne,

su-   per mi-se- ri-córdi-   a tu-   a

et ve- ri-tá-   te   tu-

a.   * Et salvum.

70. — Super flumina Babylonis.

Offert. I.

S U-per flúmi- na   Ba-by-

70. — Super flumina Babylonis.

ló- nis, il- lic sé- di- mus, et flé- vi-

mus, dum re-corda-ré- mur tu- i,

Si- on. ℣. 1. In sa-

lí- ci- bus in mé- di- o e- ius sus-

pén-

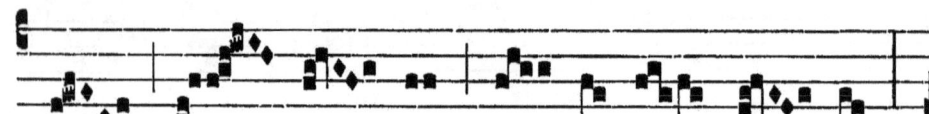

di- mus ór- ga- na no- stra.

Quó- ni- am il- lic in- ter-ro-ga- vé-

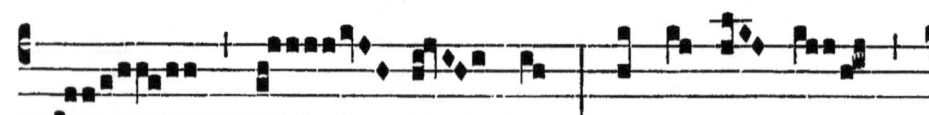

runt nos, qui ca-ptí- vos

du- xé- runt nos, ver- ba canti- có-rum et, qui abduxé- runt nos : Hymnum can-

tá- te no- bis de cán- ti- cis Si- on.

Quómo- do cantá- bimus cán-

ti- cum Dó- mi- ni in ter- ra a- li-

é- na? ℣. 2. Si oblí- tus fú- e- ro

tu- i, Ie-rú-sa-lem, obli-viscá-tur me déx-

te-ra me- a : adhaé-re- at lingua me- a fáu-

ci-bus me- is, si tu- i non memí- ne- ro.

* Qui di-xé- runt super flú- mi- na Ba-by-

(chant notation)

ló-　　nis. ℣. 3. Meménto, Dó- mi- ne,

(chant notation)

fi- li- ó- rum E- dom　　in di-　　e　Ie- rú- sa-

(chant notation)

lem.

(chant notation)

* Qui dixérunt *(ut supra)*.

71. — Vir erat.

Offert.
2.

(chant notation)

V

IR e- rat in ter-　　ra nómi- ne　　Iob,

(chant notation)

sim- plex et re-　ctus, ac ti- mens　De-　um : quem Sa-

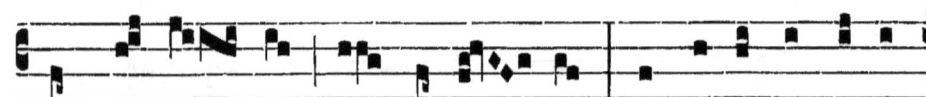

(chant notation)

tan pé- ti-　　it, ut tentá-　ret : et da- ta est e- i

(chant notation)

pot-é- stas　a Dómi-　　no　in fa-cultá-te　et in car-

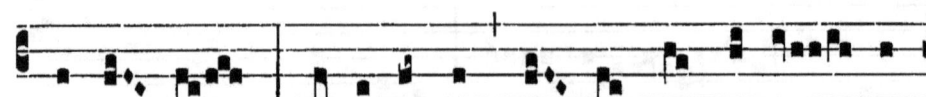

(chant notation)

ne e- ius :　　perdi- ditque　o- mnem substánti-　　am

ipsí- us, et fí- li- os : car-nem quo- que e-

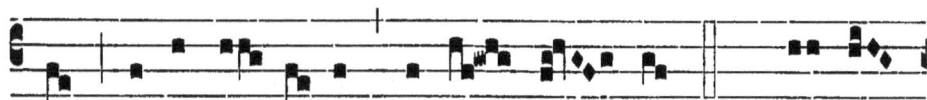

ius gra-vi úl- ce- re vulne- rá- vit. ℣. 1. U- ti-

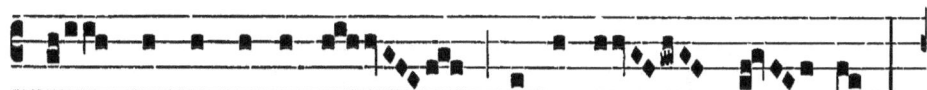

nam appende-réntur peccá-ta me- a :

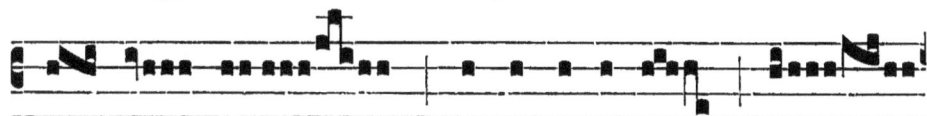

ú- ti- nam appende-réntur

peccá- ta me- a, qui-bus i- ram

mé-ru- i, qui- bus i- ram mé-ru- i,

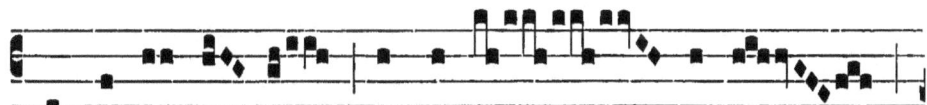

et ca-lá- mi- tas et ca- lá- mi- tas

et ca-lá- mi- tas, quam pá- ti- or, et grá- vi- or

appa- ré- ret. ℣. 2. Quae est e- nim, quae

est e- nim, quae est e-nim forti-túdo me-

a, ut sustí- ne- am? Aut quis fi-nis me- us, ut pa-

ti- énter a- gam? Aut fi-nis me- us, ut pa- ti- én-

ter a- gam? ℣. 3. Numquid forti- tú- do lá-

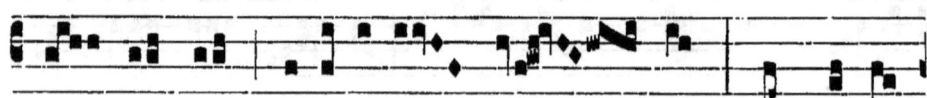

pi- dum est forti-túdo me- a? Aut ca- ro

me- a aé- ne- a est? Aut ca-ro me- a aé- ne- a

est. ℣. 4. Quó-ni- am, quó-ni- am, quó-ni- am non

re- ver- té- tur ó- cu- lus me- us, ut ví-

de- at bo- na, ut ví-de- at bo-na, ut ví-de- at

[music notation]

bo-na, ut ví-de- at bo- na, ut ví-de- at bo-na,

[music notation]

ut ví-de- at bo-na, ut ví-de- at

[music notation]

bo- na.

72. — Recordare mei.

Offert.
I.

[music notation]

R E- cordá- re me- i, Dó- mi- ne, omni

[music notation]

pot-entá- tu- i dó-mi- nans : da sermó-nem

[music notation]

re- ctum in os me- um, ut plá-ce- ant

[music notation]

ver- ba me- a in conspé-

[music notation]

[music notation]

ctu prínci- pis. ℣. 1. E-vér- te cor e- ius in

73. — De profundis.

ó- di- um re- pugnán- ti- um no- bis et in

e- os, qui consénti- unt e- is : nos au-

tem lí-be- ra in ma-nu tu- a, De- us no-ster, in

ae- tér- num.

℣. 2. Re- cordá- re, quod sté-te- rim in con-

spéctu tu- o, ut lóque- rer pro e- is bo- num

et avérte- rem indigna- ti- ó-nem tu- am ab

e- is.

73. — De profundis.

Offert.
2.

DE pro- fún- dis clamá- vi ad te,

Dómi- ne : Dó- mi-ne ex- áu- di o-ra- ti- ó-

nem me- am : de

pro- fún- dis clamá- vi ad te, Dómi- ne.

℣.1. Fi- ant au- res tu- ae intendén- tes in

o-ra-ti- ó- nem servi tu-

i. ℣. 2. Si in- iqui- tá- tes

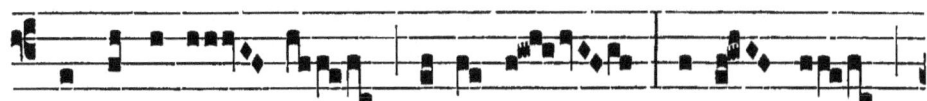

observáve- ris, Dómi- ne, Dómi- ne,

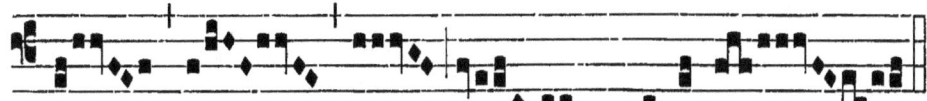

quis susti-né-bit?

74. — Mihi autem.

Offert.
3.

M I- hi au- tem ni- mis hono-

rá- ti sunt amí- ci tu- i, De-

us : nimis con- fortá- tus est

prin- ci-pá- tus e- ó- rum.

℣. 1. Dó- mi-ne, pro-bá- sti

me et co- gno-ví- sti me :

tu cogno- ví- sti ses-si- ó- nem me-

am et re-surre- cti- ó- nem

me- am. * Ni- mis con- for- tá-

tus est prin- ci-pá- tus e- ó-

rum. ℣. 2. Intel-le- xí- sti co- gi-

ta- ti- ónes me- as a lon-

ge : sémi- tam me- am

et di- re- cti- ó- nem me-

am inve- sti- gá-

sti. * Ni- mis. ℣. 3. Ecce tu,

Dó-mi- ne,　co- gno-ví-sti　ó-

mni- a,　no-vís-　si-ma　et　an-

tí- qua :　tu　for- má-

sti　me　et po- su- í- sti　su- per　me

ma-　num　tu-

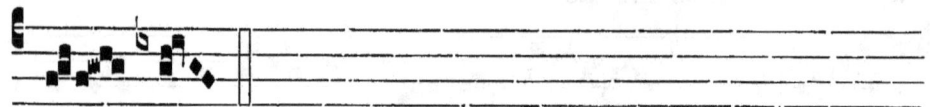

am.

75. — In omnem terram.

Offert.
2.

N o-mnem　ter-　ram ex- í-

vit　so- nus e- ó　rum : * Et　in fi- nes or-

bis ter- rae verba e- ó-rum. ℣. Cae-li

e- nár- rant gló- ri- am De- i : et ó-pe-ra má-

nu- um e- ius annúnti- at firma- mén- tum.

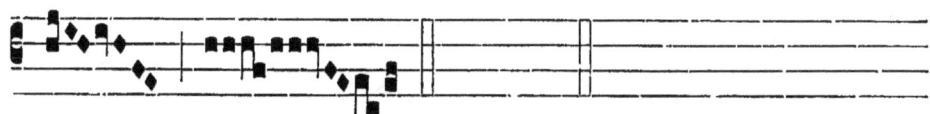

* Et in fines.

76. — Constitues eos.

Offert.
3.

Constí- tu- es e- os prín- ci- pes

super o- mnem ter- ram : mé- mo- res e-

runt nó- mi- nis tu- i, * In o- mni pro-

gé-ni- e et ge-ne- ra- ti- ó- ne.

℣. 1. E-ructá- vit cor me-

um ver-bum bonum : di- co e- go

ó- pe-ra me- a Re- gi. * In omni. ℣. 2. Lin-

gua me- a cá- lamus scri-

bae ve- ló- ci- ter scri-bén- tis.

Spe- ci- ó- sus for- ma prae fí-

li- is hó- mi-num : dif- fú- sa est grá-

ti- a in lá- bi- is tu- is

* In omni.

℣. 3. Pro- ptér- e- a be- ne- dí- xit

te De- us in ae- tér- num : ac- cín-

ge- re glá- di- o tu-

o cir- ca femur pot- entís- sime.

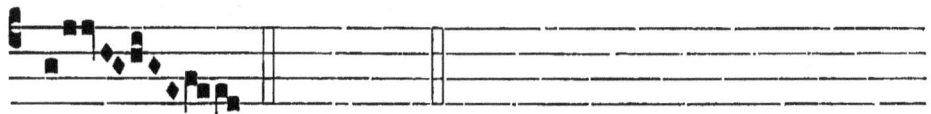

* In omni.

77. — Gloria et honore.

Offert.
I.

G Ló- ri- a et ho-nó- re co-

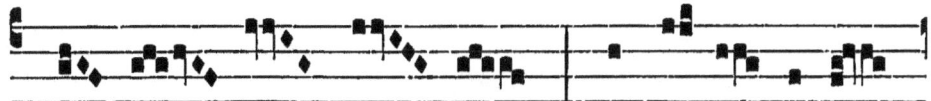

ro- ná- sti e- um : * Et consti- tu- í-

sti e- um super ó- pe- ra má-

77. — Gloria et honore.

nu- um tu- á- rum Dó- mi- ne.

℣. 1. Dó- mi-ne, Dómi-

nus no- ster, quam admi-rá- bi- le est

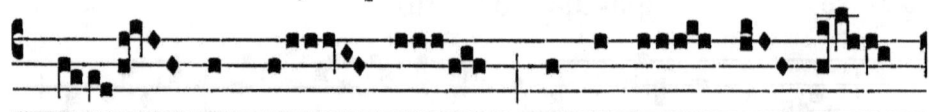

no- men tu- um in u-ni- vér- sa

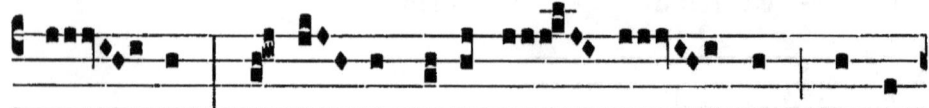

ter- ra : quó- ni- am e-le-vá- ta est magni-

fi-cén- ti- a tu- a su-per cae- los.

* Et constituísti. ℣. 2. Quid est ho-

mo, quod me-mor es e-

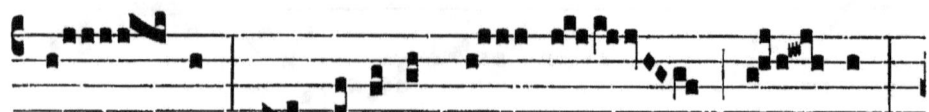

ius? Aut fí- li- us hó- mi- nis,

quó- ni- am ví- si- tas e-

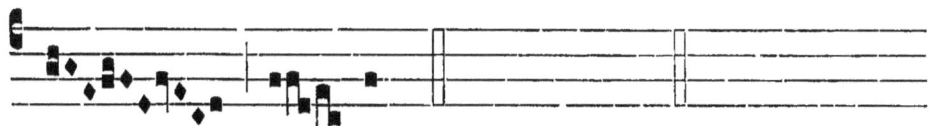

um? * Et constituísti.

78. — Gloriabuntur.

Offert.
6.

GLo- ri- a- bún- tur in te o-

mnes qui dí- li- gunt no- men tu- um,

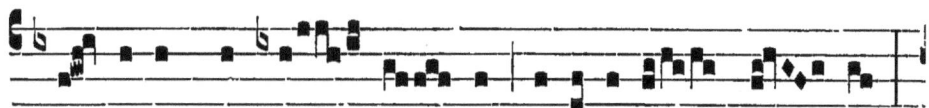

quó- ni- am tu, Dó- mi- ne, bene-dí-ces iu- sto :

* Dó- mi-ne, ut scu-to bonae vo-luntá-tis tu- ae

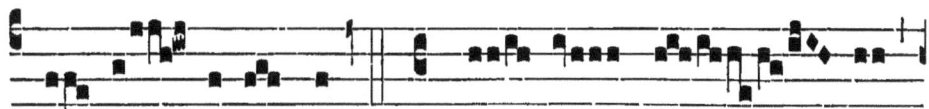

co- ro- násti nos. ℣. 1. Ver- ba me- a

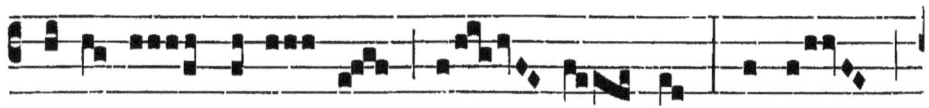

áuri- bus pérci- pe, Dó- mi- ne : intél-

le- ge clamó- rem me- um et exáu-

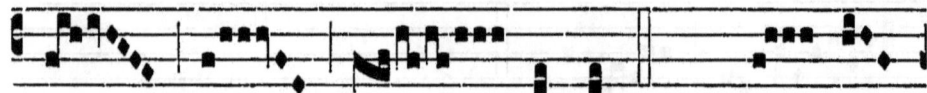

di me. ℣. 2. Quó- ni-

am ad te o-rá-bo, Dómi- ne, quó-

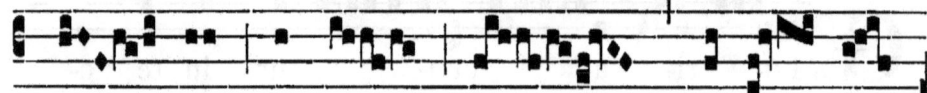

ni- am ad te o-rá- bo,

Dó- mi-ne, ma- ne : et exáu- di- es vo-

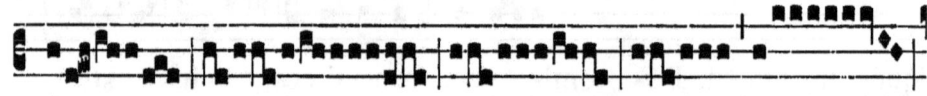

cem me-

am. * Dómine.

79. — Posuisti.

Offert. 8.

P Osu- í- sti Dó- mi- ne in

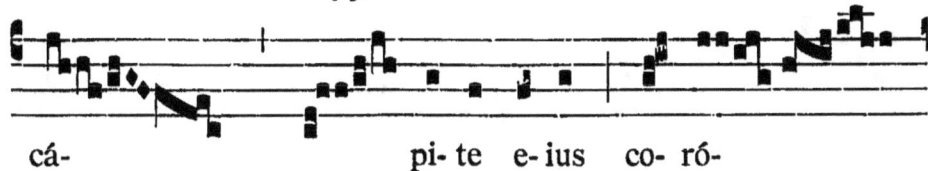

cá- pi- te e- ius co- ró-

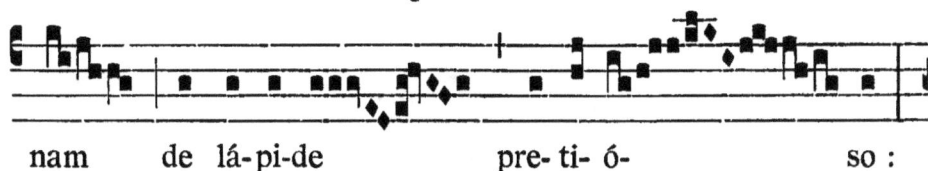

nam de lá-pi-de pre- ti- ó- so :

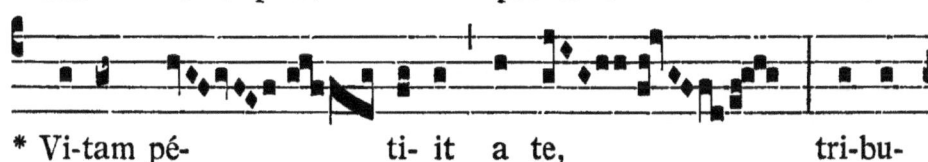

* Vi-tam pé- ti- it a te, tri-bu-

í- sti e- i, * Al- le- lú- ia. ℣. 1. De-si-

dé-ri- um á-nimae e- ius tri-

bu- ísti e- i : et vo-luntá-te la-bi- ó- rum e-

ius non fraudá- sti e-

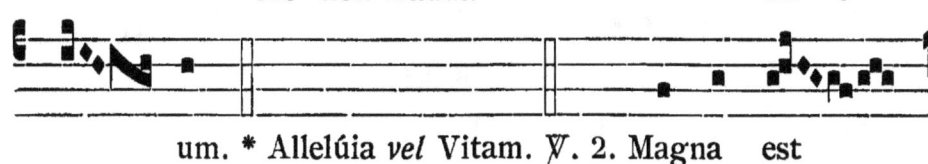

um. * Allelúia vel Vitam. ℣. 2. Magna est

gló- ri- a

80. — Confitebuntur caeli.

e- ius in sa-lu-tá-ri tu- o, gló-ri- am

et ma- gnum de- có- rem impó-

nes su- per e- um. * Allelúia.

80. — Confitebuntur caeli.

Offert.
7.

C Onfi- te-bún-tur cae- li mi- ra-bí-

li- a tu- a Dó- mi- ne, et ve- ri-tá-

tem tu- am in ecclé- si- a sanctó-

rum, alle- lú- ia, alle-

lú- ia. ℣. 1. Quó-ni- am quis

(music notation)

in nú- bi- bus ae- quá-

(music notation)

bi- tur Dó- mi- no : aut quis sí- mi- lis e-

(music notation)

rit De- o inter fí- li- os De- i?

(music notation)

De- us, qui glo-ri- fi-cá-

(music notation)

tur in consí- li- o sanctó- rum, * alle-

(music notation)

lú- ia. V. 2. Mi-se- ri-

(music notation)

cór- di- as tu- as, Dómi-ne,

(music notation)

in ae-tér- num can- tá- bo : in gene- ra-ti- ó-

(music notation)

ne et pro- gé- ni- e

81. — Laetamini.

(musical notation)

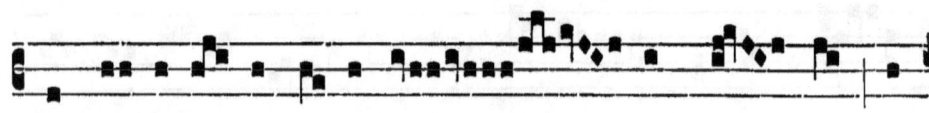

adnun- ti- á- bo ve- ri- tá- tem tu- am in

o- re me- o, * alle- lú- ia,

alle- lú- ia.

81. — Laetamini.

Offert.
I.

(musical notation)

L Aetá- mi- ni in Dó- mi-no, et ex-

sultá- te iu- sti : * Et glo-

ri- ámi- ni o- mnes re- cti cor-

de, alle- lú- ia, alle-lú- ia.

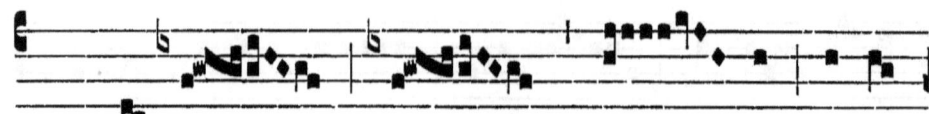

℣. 1. Be- á- ti quo-rum

remís- sae sunt in-i- qui- tá- tes et quo- rum

te- cta sunt peccá- ta. ℣. 2. Pro hac

o- rá- bit ad te o- mnis san-

ctus in tém- po- re opportú- no :

ve-rúmta- men in di- lú- vi- o aquá-

rum mul- tá- rum ad e-

um non appro-ximá- bunt. * Et gloriámini.

82. — Mirabilis Deus.

Offert.
8.

M I- rá- bi- lis De- us in san- ctis su-

82. — Mirabilis Deus.

is : De- us Is- ra- el, ipse da- bit

vir- tú- tem, et for- ti- tú- di- nem ple-

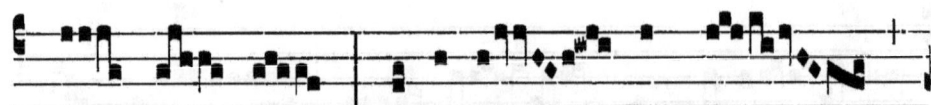

bi su- ae : * Be-ne-dí- ctus De-

us, alle- lú- ia.

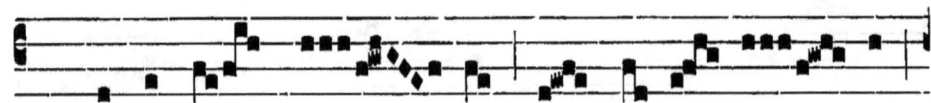

℣. 1. Exsúrgat De- us et dis-si- pén- tur

in- i- mí- ci e- ius : et fú- gi- ant,

qui o-dé- runt e- um a fá- ci-

e e- ius. * Benedíctus. ℣. 2. Pér-

e- ant pecca-tó-res a fá- ci- e De- i : iusti, qui e- pu- lén- tur, exsúl- tent

in conspé- ctu De- i, de-lectén-

tur in laetí- ti- a.

83. — Exsultabunt sancti.

Offert.
4.

Exsul-tábunt sancti in gló- ri-

a, laeta-bún- tur in cu-bí- li-bus su- is :

exalta- ti- ó- nes De- i in fáu- ci-bus

e- ó- rum. ℣. Cantá- te Dómi-no cán-

ti- cum no- vum, cantá- te Dómi- no cán- ti-

cum no- vum : laus

84. — Iustorum animæ.

(musical notation)

e- ius in ecclé- si- a San-

ctó- rum. Laeté-tur Isra- el in e- o, qui fe-cit e-

um : et fí- li- i Si- on

exsúltent in Rege su- o.

84. — Iustorum animæ.

Offert.
I.

Ustó- rum á- ni-mae in

ma- nu De- i sunt, et non tanget

il- los tormén- tum ma- lí- ti- ae : vi- si

sunt ó- cu-lis insi- pi- énti- um mo- ri : il-li

au- tem sunt in

pa- ce, * Alle- lú- ia. ℣. Et si

co- ram

homí-ni- bus tormén- ta pas-si sunt, spes il-ló-rum

immorta-li-tá-te ple-na est. * Allelúia.

85. — Anima nostra.

Offert.
2.

A - nima no- stra, sic- ut pas-

ser, e- répta est de lá- que- o ve-

nán- ti- um : * Láque- us con-trí- tus est,

et nos li- be- rá- ti su-

mus.		℣. 1. Ni- si quod Dó-

mi-nus e- rat in no-bis,

di-cat nunc Isra- el : ni- si qui- a Dó-

mi- nus e- rat in no- bis, * Láque-

us con- trí- tus est et nos, li-

be- rá- ti sumus. ℣. 2. Torrén-

tem per- transí- vit á- ni-ma no- stra :

fórsi- tan pertransís- set á- ni-

ma no- stra a- quam into-le-rá- bilem : bene-dí- ctus Dó- mi- nus, qui non

de- dit nos in ca- pti- ó- nem dénti-

bus e- ó- rum. * Láque- us.

86. — Inveni David.

Offert.
8.

Ĩnvé- ni Da-vid servum me- um, ó- le- o

sancto un- xi e- um : * Ma- nus e- nim

me- a auxi- li- á- bi- tur e- i, et brá-

chi- um me- um confortá- bit e- um.

℣. 1. Pot-ens es Dó- mi- ne et vé- ri- tas tu-

a in circú- i-tu tu- o : tu di-xísti : Pó-su- i adiu-tó- ri- um su- per pot-

én- tem : et exaltá- vi e- lé- ctum de

ple- be me- a. * Manus. ℣. 2. Et po-

nam in saécu- lum saé- cu- li se- dem

e- ius et thro-num e-

ius sic-ut di- es

cae- li. * Manus.

87. — Veritas mea.

Offert. 2.

V E- ri- tas me- a, et mi-se- ri- cór-

di- a me- a cum i- pso : * Et in nómi- ne

me- o exaltá-bi- tur cornu e- ius. ℣. 1. Pó-

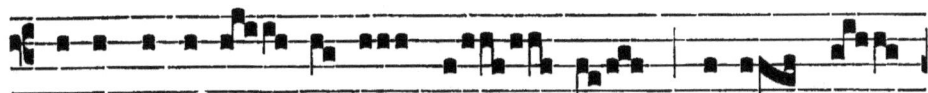

su- i adiu-tó- ri- um me- um super po-

tén- tem et exaltá- vi e-lé-

ctum de ple- be me- a. * Et in nómine. ℣. 2. Mi-se-ri-

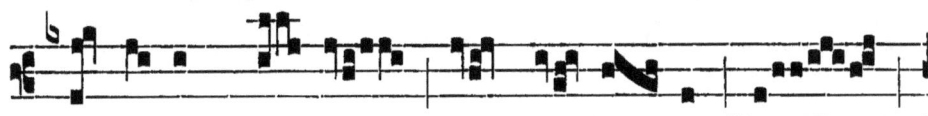

cór-di- am me- am non di- spér- gam ab

e- o : et se-

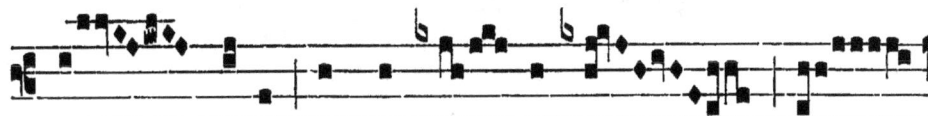

des e-ius in conspé- ctu me-

o.

* Et in nómine.

88. — Iustus ut palma.

Offert.
4.

IU- stus ut palma

flo- ré- bit : * Sic-ut ce- drus, quæ in Lí-

ba- no est, mul- ti- pli-cá-

bi-tur. ℣. 1. Bo- num

est con-fi- té- ri Dómi-

no : et psálle- re nó- mi- ni

tu- o Al- tís- si-me.

* Sicut cedrus. ℣. 2. Ad ad- nun- ti- án- dum ma- ne

mi- se- ri-cór- di- am tu- am : et

ve- ri- tá- tem tu- am

per no- ctem.

* Sicut cedrus. ℣. 3. Plantá- tus in

do- mo Dómi- ni, in á- tri-

is do- mus De- i no- stri flo- ré-

bit.

* Sic-ut ce-

drus, quæ in Lí- ba-

no est, mul- ti- pli-cá- bi-tur.

89. — In virtute tua

Offert.
6.

IN virtú- te tu- a, Dó- mi- ne, laetá- bi-tur

iu- stus, et su- per sa-lu-tá- re tu- um exsul

tá-bit ve-he- mén- ter:*De-si-dé- ri- um á-nimae e-

ius tri-bu- í- sti e- i.

℣. 1. Vi- tam pé- ti- it et tri-

bu- í- sti e- i longi- tú- di-nem

di- é- rum in saé-cu- lum saé-

cu-li. *De-si-dé- ri- um. ℣. 2. Magna est

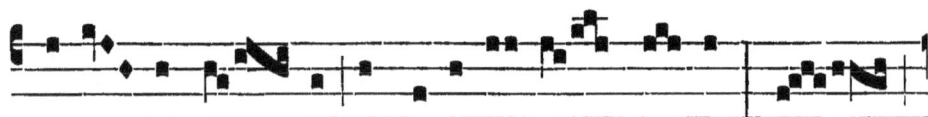

gl ó-ri- a e- ius in sa-lu-tá- ri tu- o : ma-

gna est gló- ri- a

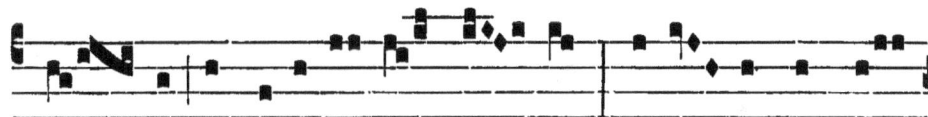

e- ius in sa-lu-tá- ri tu- o : gló-ri- am et ma-

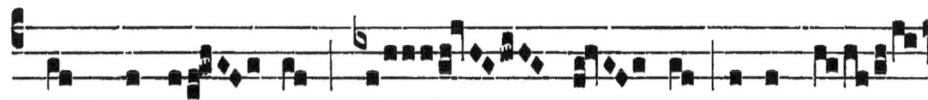

gnum de-có- rem im- pó- nes super e-

um. * Desidérium.

90. — Desiderium animae.

Offert.
6.

D E-si-dé- ri- um á- nimae e- ius tri-bu- í-

sti e- i, Dómi-ne, * Et vo- luntá-te la-bi- ó-rum

e- ius non fraudá- sti e- um : * Po-su- í- sti in

cá-pi- te e- ius co-ró- nam de lá-pi-de pre- ti-

ó-   so. ℣. 1. Vi- tam pé-

ti- it et tri- bu- í-sti e- i, Dómi-ne. * Et voluntáte.

℣. 2. Laeti- fi-cá-   bis e- um in gáudi- o cum vultu

tu-   o. * Posuísti. ℣. 3. Inve-ni- á-   tur manus tu- a

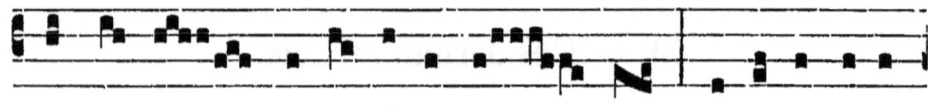

ómni- bus   in- i- mí- cis tu-   is : déxte-ra tu- a

invé- ni- at o-   mnes, qui te o-dé-   runt, Dó-

mi- ne.

91. — Afferentur.

Offert.
4.

A-Ffe- réntur re-gi vírgi- nes : pró- ximae

e-ius affe-rén- tur ti- bi in lae-tí- ti- a

et exsulta- ti- ó- ne : * Addu- cén- tur in

templum re- gi Dó- mi- no. ℣. 1. E-ru-

ctá- vit cor me- um ver- bum bo- num, e- ructá-

vit cor me- um ver- bum bo-

num : di-co e- go

ó- pe-ra me- a re- gi : lingua me- a cá- la-

mus scri-bae ve- ló- ci-ter scri-bén-

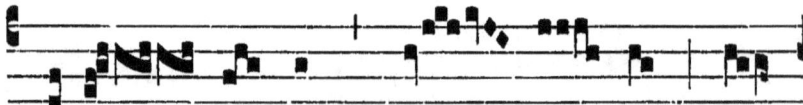

tis. ℣. 2. Dif-fú-sa est grá-ti- a in lá-bi- is

tu- is, dif-fú- sa est grá-

ti- a in lá- bi- is tu- is :

proptére- a be-ne-dí-xit te De- us in ae-

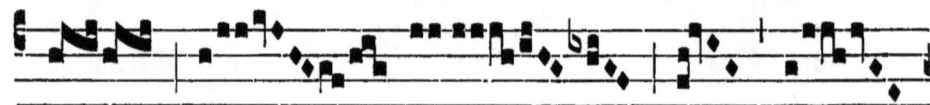

tér-

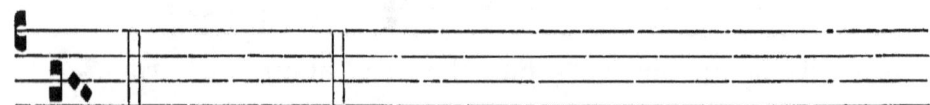

num. * Adducéntur.

92. — Diffusa est.

Offert.
8.

D Iffú- sa est grá- ti- a in

lá- bi- is tu- is : proptér- e-

a be- ne dí- xit te De- us in ae-

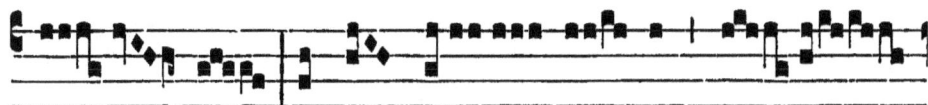

tér- num, * Et in saé- cu- lum saé-

cu- li.   ℣. 1. Spé-

ci- e tu- a et pulchri-tú-

di- ne tu- a et intén-

de et próspe-re pro- cé-

de et re-

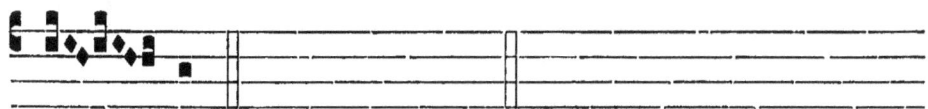

gna. * Et in saéculum.

93. — Filiae regum.

F I- li- ae re- gum in ho-nó-re

tu- o, * A- sti- tit re-gí- na a dex-

tris tu- is in vestí- tu de- au- rá- to,

circúmda- ta va- ri- e- tá-

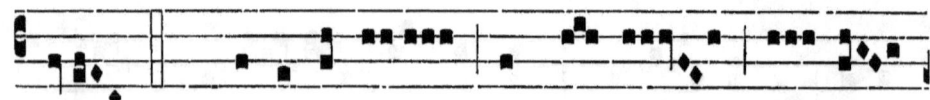

te. ℣. 1. E-ructá-vit cor me- um ver- bum

bo- num : di-

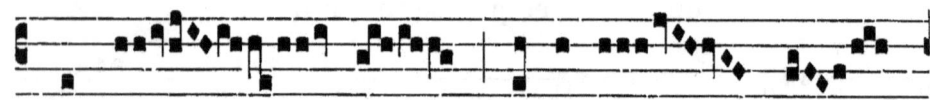

co e- go ó-pe-ra me-

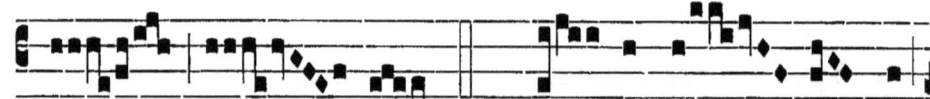

a Re- gi. ℣. 2. Vir- ga re- cta est

vir- ga re- gni tu- i : di- le-xísti iu-

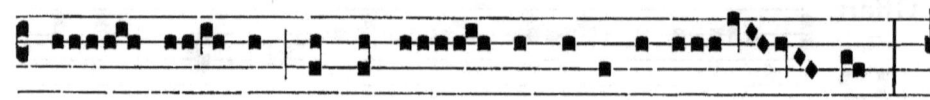

stí- ti- am et o-dí- sti in-iqui-tá- tem :

proptér- e- a unxit te De- us, De- us tu- us ó- le-

o laetí- ti- ae prae consór- ti- bus

tu- is. * Astitit.

94. — Domine Deus in simplicitate.

Offert.
6.

DOmi-ne De- us, in simpli- ci-tá- te cordis

me- i lae-tus ób-tu- li u- ni-vér- sa : et

pó- pu-lum tu- um, qui re-pér- tus est, vi-di cum

ingén-ti gáu- di- o :* De- us Is- ra- el, custó- di

hanc vo- lun- tá- tem, Dómi-ne De- us.

℣. 1. Fe- cit Sa-lómon sol- emni-tá- tem in tém-

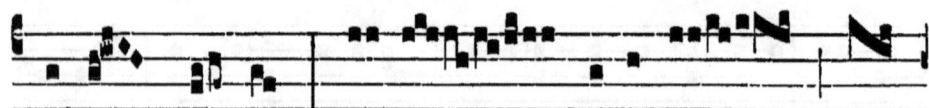

po-re   il- lo,   fe- cit   Sá-lomon   sol-

emni- tá- tem in témpo- re   il- lo :   et prospe- rá-

tus   est   et appá- ru- it   e-   i   Dó-

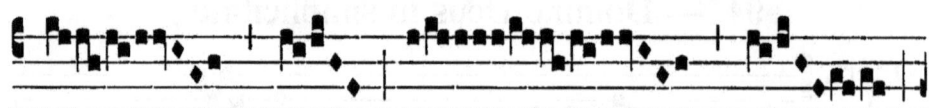

mi- nus, De- us Is-ra- el.   ℣. 2. Ma-ié-

stas Dó-   mi- ni   aedi- fi-cá- vit   tem- plum :

vi- dé- bant o- mnes fí- li- i   Isra- el   gló- ri- am

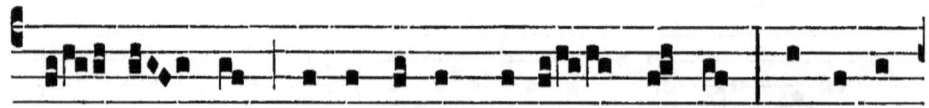

Dó- mi- ni   descendéntem super   do-mum   et ad-o-

ravé- runt et collauda-vé-   runt Dó-

mi-num di- cén- tes. * Deus Israel.

95. — Elegerunt Apostoli.

Offert.
8.

E - legé- runt Apó- sto-li Stépha-

num le- ví- tam, ple- num fi- de et

Spí- ri- tu Sancto : quem la-pi-davé-

runt Judaé- i o-rántem, et di- céntem : * Dó- mi-

ne Je- su, ác- ci- pe spí-ri-

tum me- um, alle- lú- ia. ℣. 1. Vi-dé-

N° 837. — 6

bant fá-   ci- em e-   ius tamquam   fá-

ci- em   Ange- li De- i :   et   concurrén-   tes la-pí-

di-   bus   cae-dé- bant e-   um o-rán-   tem

et di- cén-   tem. * Dómine. ℣. 2. Pó- si- tis   autem

gé- ni-bus Stépha- nus   o-rá-bat   di-   cens : Dó-

mi- ne Ie- su, ne stá-   tu- as   il- lis

hoc pec-cá- tum, qui-   a né- sci- unt, quid fá-

ci-   unt, al-le-   lú-ia.

Loco horum amborum versuum cantari potest sequens unicus :

℣. 3. Surre-xé-runt au-   tem qui- dam ex Iu- daéis dispu-tán- tes cum Stépha- no et non pót- e-

rant re-sí-ste- re Spi- rí-tu- i Sancto, qui lo- que-

bá- tur : Vi-dé- runt fá- ci- em e- ius tamquam

fá-ci- em Ange- li et la-pí- di-bus caedé- bant

e- um, al-le- lú-ia.

96. — Afferentur (S. Agathae).

Offert.
I.

A F-fe-réntur re-gi vír- gi- nes post

e- am : pró- ximae e- ius * Affe- rén-

tur ti- bi. ℣. 1. E-ructá- vit cor

97. — Oratio mea.

me- um ver- bum bo- num:dico e-

go ó- pe- ra me- a Re- gi.

℣. 2. Addu-cén-

tur in lae- tí-

ti- a et ex-sulta- ti- ó- ne : addu- cén-

tur in tem- plum Re-

gi. * Afferéntur.

97. — Oratio mea.

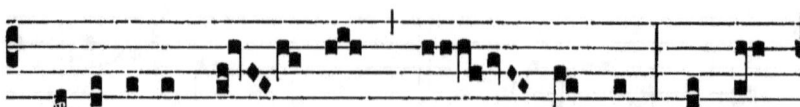

Offert.
8.

O- rá-ti- o me- a mun- da est : et íd-

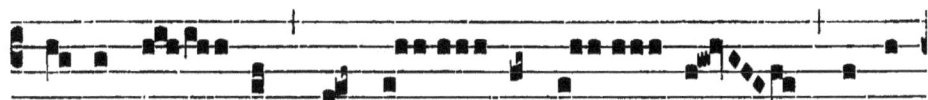

e- o pe- to, ut de- tur lo- cus vo- ci

me- ae in cae- lo : qui- a i- bi est iu-dex me-

us, et cónsci- us me- us in excél- sis :

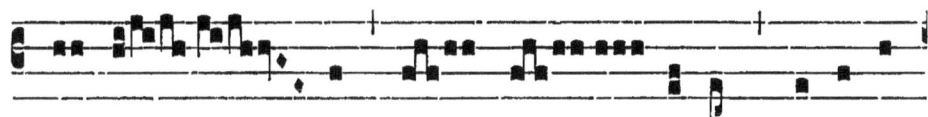

* A-scén- dat ad Dó- mi-num depre-cá-

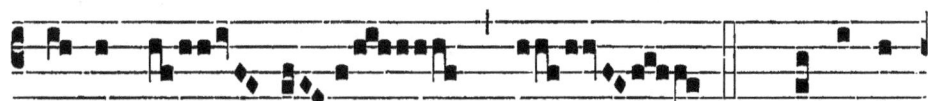

ti- o me- a. ℣. Pro-bá-vit

me Dó- mi-nus sic-ut au-

rum : vi- as e- ius cu- sto-dí- vi

et a praecé- ptis e- ius non

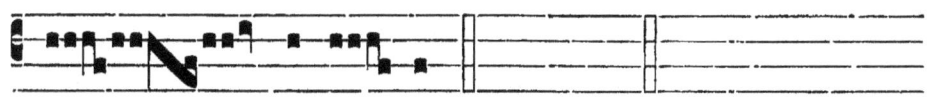

discés- si. * Ascéndat.

98. — Confessio et pulchritudo.

Offert.
4.

Confés-si- o et pul- chri- tú-do in conspé- ctu e- ius: * Sáncti- tas et magni- fi- cén- ti- a in sancti- fi-ca-ti- ó- ne e- ius. ℣. 1. Cantá- te Dómi- no cán- ti- cum no- vum : cantá- te Dó- mi- no o- mnis ter- ra.

* Sánctitas. ℣. 2. Cantá- te Dómi- no : be- ne- dí- ci- te no- men e- ius : be- ne nun-

ti- á- te de di- e in di- em sa-lu-tá-

re e- ius. * Sánctitas.

99. — Assumpta est.

Offert.
8.

A Ssúm- pta est Ma- rí- a in cae-

lum : gau- dent Ange-

li, collaudán- tes be-ne-dí-

cunt Dó- mi-num, * Al- le-

lú- ia. ℣. Pa-ra-dí-si por- ta per E-

vam cunctis clau- sa est et per Ma- rí- am

(music notation)

Vír- gi-   nem í-te-   rum

(music notation)

pa- te- fá-   cta   est. * Al- le-

(music notation)

lú- ia.

100. — Protege Domine.

Offert.
2.

(music notation)

P Ró-   te-ge, Dó- mi- ne,   ple- bem

(music notation)

tu- am, per si-   gnum   san-   ctae Cru- cis,

(music notation)

ab ó-   mni-bus in- sí- di- is   in- i- mi- có- rum

(music notation)

ómni- um : * Ut ti-   bi gra- tam exhi-be- á-

(music notation)

mus   ser-   vi- tú- tem, et acce-

(music notation)

ptá-   bi- le ti- bi fi   at sa-   cri- fi- ci- um

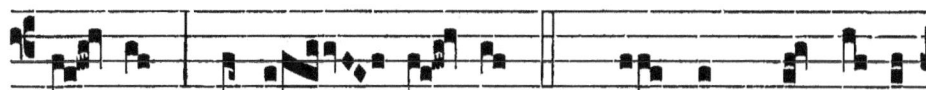

no- strum, * Alle- lú- ia. ℣. 1. Te sancta De- i

crux humí- li- ter obsecrá-mus, ut tu- a virtú-

te nostrum pe- ctus mú- ni- as, á-ni-mas cu- stó-

di- as, co-gi- ta- ti- ó- nes sanctí- fi- ces per Christum

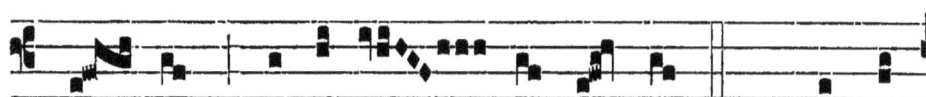

Ie- sum, qui pe-pén- dit in te. ℣. 2. Qui pro

mundi sa- lú- te in li- gno cru- cis

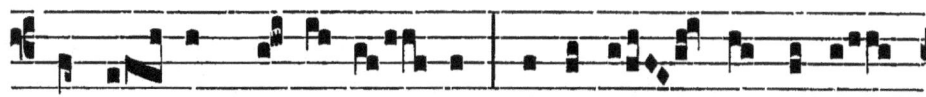

ínno- cens pe- pendí- sti, mi- se-ré- re pó-pu-

lo, quem red- emí- sti : ut sa- cro signá- cu-

lo insigní- tus a pe- rí- cu-lis ó-

101. — Stetit Angelus.

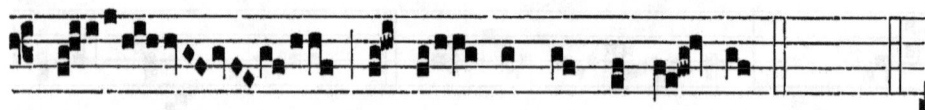

mni- bus sit se-cú- rus. * Allelúia.

℣. 3. Sal- vá- tor mun-di sal-

va nos omnes et ómni- a, quae

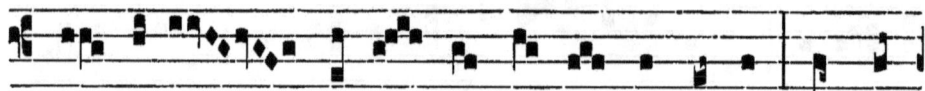

ád- iuvant, be-ní- gnus no- bis impénde : et cun-

cta no-cén-ti- a a no- bis pro- cul re-pél-le :

at- que ad pro- tegén- dum nos déxte- ram

tu- ae ma- iestá- tis ex- tén- de.
* Ut tibi.

101. — Stetit Angelus.

Offert.
I.

S Te- tit Ange- lus juxta

a- ram tem- pli, ha- bens thu-rí-bu-

lum áu- re- um in manu su- a : et da- ta

sunt e- i incénsa mul- ta : * Et ascén-

dit fu- mus a- ró- ma-

tum in conspéctu De- i, al-le-

lú- ia. ℣. In conspéctu

Ange- ló- rum psal-lam ti- bi, Dó-

mi- ne : et ad-o- rá-bo ad tem- plum sanctum

tu- um et confi-té-bor ti- bi, Dó-mi- ne. * Et ascéndit.

APPENDIX.

102. — Viri Galilaei.

(Olim in Ascensione Domini.)

Offert.
I.

VI- ri Ga- li- laé- i, quid admi-

rá- mi-ni aspi-ci- én- tes in cae-

lum? Hic Ie-sus, qui assúmptus est

a vo- bis in cae- lum, * Sic vé-

ni- et, quemádmodum vi-dístis e- um ascendén-

tem in cae- lum, al-

le- lú- ia. ℣. Cumque intu- erén- tur in cae-

lum e- ún- tem il- lum : ec- ce du- o vi- ri

adsti- té-runt iuxta il- los in vésti-bus al- bis, qui et

di-xé- runt. * Sic véniet.

103. — Domine, Deus meus in te speravi.

(Olim paenultima et ultima Dominica post Pentecosten.)

Offert.
I.

D O- mi- ne, De- us me-

us, in te spe- rá-

vi : Sal- vum me fac

ex óm-ni-bus persequénti-bus me

* Et é- ri- pe   me

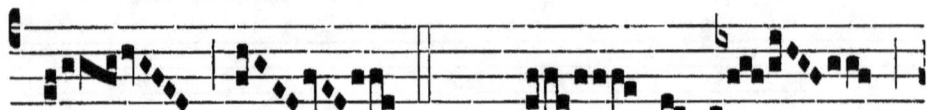

℣. 1. Dó-   mi- ne,

De-   us me-   us, si fe-

ci   i-   stud, si est   in-í-

qui- tas in má-   ni- bus me-

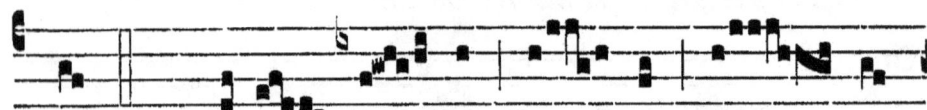

is. ℣. 2. Confi- té- bor ti- bi, Dó-   mi-

ne,   in to-   to cor- de me-   o   et psal-

lam nó- mi- ni   tu-

o, Al- tís- si- me.

* Et éripe me.

104. — Repleti sumus.

(Olim S. Vitalis.)

Offert. I.

RE-plé- ti su-mus ma- ne mi- se-ri-cór-

di- a tu- a * Et ex-sultá-vi- mus et

de- le- ctá- ti su- mus, al-

le- lú- ia. ℣. 1. Dó-

mi-ne, re-fú-

gi- um fa- ctus es no- bis a ge-ne-ra-ti-

76 — 105. — Misit rex.

ó- ne et pro- gé- ni- e. ℣. 2. Pri-

ús- quam fí- e- rent mon- tes et forma-

ré- tur orbis ter- rae, a saé-cu-

lo et in saé- cu- lum tu es De- us.

* Et exsultávimus.

105. — Misit rex.

(Olim in Decollatione S. Joannis Baptistae.)

Offert. 7.

MI-sit rex spi- cu-la-tó- rem : prae-

cé- pit ampu-tá-re caput Io- án- nis

in cárce- re. Quo audí- to discí- pu- li e- ius

ve-né- runt et se-pe-li- é-runt e- um, alle- lú- ia. ℣. Pu- él- lae saltán- ti impe-

rá-vit ma- ter : Ni-hil á-

li- ud pe- tas, ni-si ca-

put Io- án-

nis.

106. — Erue.

(Olim pro Defunctis.)

Offert.
I.

E - ru- e, Dó-mi- ne, á-nimas

e- ó- rum de mor- te et pró- ii-

ce post tergum tu- um ómni- a peccá-

ta e- ó- rum: * Qui-a non in-fér-

nus con-   fi- té- bi- tur ti- bi nec mors

laudá-   bit te. ℣. Tu- am, De-

us,   de-

pósci-   mus pi- e-tá- tem, ut e- is tri-bú- e-re

digné-   ris lú- ci- das   et qui- é-tas man-

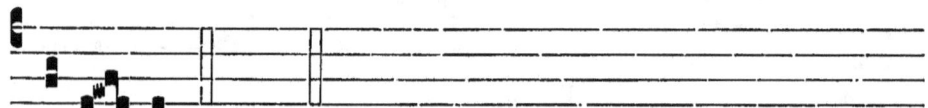

si- ó- nes. * Quia.

107. — O pie Deus.

(Olim pro Defunctis.)

Offert. 2.

O pi- e De- us, qui primum hó- mi-nem ad

aetér-nam pá- tri- am re- vo-cá- sti : pastor

bo- ne, qui ovem pér-di- tam pi- o húme- ro ad

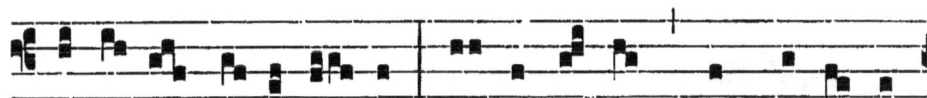

o-ví- le re-portá- sti : iu- ste iu- dex, dum vé-ne- ris

iu-di-cá-re, lí-be-ra de morte á-ni- mas e- ó-rum,

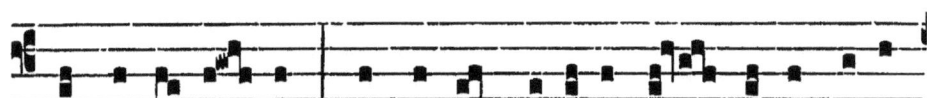

quas red-e-mí- sti : * Ne tra-das bésti- is á- nimas confi-

tén- tes ti- bi : ne de-re- lín- quas

e- as in fi- nem. ℣. Dómi-ne Ie-su Christe, iu-

dex mortu- ó- rum, u-na spes mortá- li- um, qui

mó-ri- ens mo- ri- én-ti- um condo-lu- í-sti inté- ri-

107. — O pie Deus.

tum, non intres in iu-dí- ci- um cum servis tu- is, ne

da-mnéntur cum ímpi- is in advéntu tu- i distrí- cti

iu-dí- ci- i. * Ne tra-das.

INDEX ALPHABETICUS.

N. 68. p. 117, l. 3, pertranseam. Podatus super paenultima sec. E.

N. 71. In fine ℣. 1 alii codices legunt pro *et* gravior appareret *haec* gravior app.; ℣. 4 super o*cu*lus nonnulli codices habent pro nota simplici H Podatum, quam lectionem propter euphoniam praeferendam duxi.

N. 72. ℣. 2, cuius textus e Jerem. c. 18, 20, e R. V, 161.

N. 84. Initio ℣. super *Etsi* restitui Quilisma e ℣. n. 101. (Cfr. etiam Alleluia. ℣. *Veni, Domine,* cuius imitatio est ℣. Offertorii *Stetit Angelus*).

N. 89. In fine ℣. 3 sec. H non semitonium E, sed plenus tonus Es legitur, qua de causa ♭ ponendum erat.

N. 95. ℣. 1 lectio super *faciem* e G, v. Mocquereau l. c. I, p. 312. ℣. 3 sec. Cod. 88 Juliomagensem (Angers).

N. 100. ℣. 1 e B, ℣. 2 e G et B.

N. 102. In antiphona lectiones super *Viri* et *admiramini* secundum E. Cfr. R XI, 149.

N. 106. Sec. Cod. S. Yrieix (Paléogr. mus. XIII, p. 119). In initio ℣. Quilisma inserui, ut n. 84.

N. 107. Cantus XI[i] saeculi e R XVI, 109, lectionem variantem vide R XXII, p. 65.

Imprimé par la Société Saint Jean l'Évangéliste, Desclée & Cie, Tournai (Belgique). — 3250

ERRATA.	(Incorporated in this online edition into the body of the book.)	CORRIGE.

p. 32
lin. 7

timébit

timébis

p. 59
ult. lin.

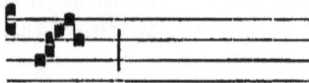
es

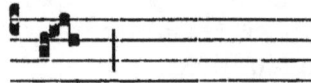
es

p. 71
lin. 4

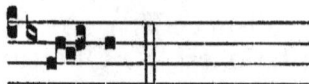

p. 75
lin. 2

sci-am,

sci-ant,

p. 93
lin. 2

tu-　ae.

tu-　ae.

p. 106
lin. 4 et 5

corrige

p. 129
lin. 7

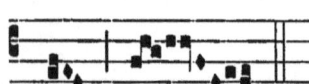
tam me-　am

tam me-　am

p. 142
lin. 8

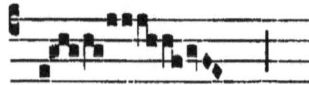
e-ius.

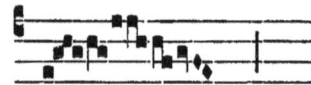
e-ius.

p. 151
lin. 6

p. 152
lin. 6

e-

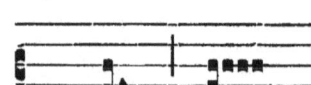
e-

p. 152
lin. 7

di-é-

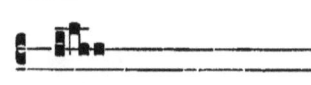
di-é-

p. 157
lin. 6

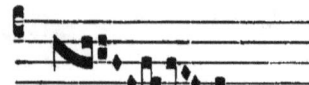
re-

re-

p. 164
lin. 4

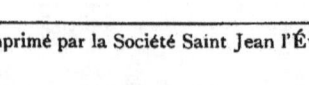
lae-

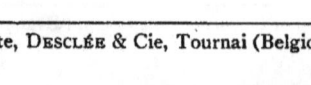
lae-

Imprimé par la Société Saint Jean l'Évangéliste, Desclée & Cie, Tournai (Belgique).